七月堂

四方田犬彦
yomota inuhiko

神聖なる怪物

表紙版画

オディロン・ルドン

『夢想（わが友アルマン・クラヴォーの思い出に）』vi「陽光」

（1891 年）

目次

神聖なる怪物

サッフォー

沓掛良彦が訳したサッフォーの詩集を、というか正確には、おびただしい詩の断片を読み進めていくうちに、わたしのなかにはある映像が蘇ってくる。それがナポリであったか、ベイルートであったか、いっこうに記憶が定かではないのだが、博物館の中庭、噴水の奥にある日の射さぬひと隅に集められ、もはや訪れる者もないまま放置されているトルソの群れである。だがそれをじっと見つめ、沈思黙考することは、なんという悦びであるだろう。

かつては土地をしろしめす女神の像として、均衡のよい乳房と聡明そうなしぐさの腕をもち、揺れる裳裾の間に屈強な腰を覗かせていた大理石の像が、度重なる強奪と運搬、宗教的不寛容からくる毀損によって首を切断され、四肢を捥ぎ取られた。今ではかろうじて中央の胴の部分だけを残している。あるいは鼻を削られ、唇の膨らみを欠落させた頭部だけがいくつも並んでいる。いかに優れた修復者の手によっても、もはやここまで喪失されてしまえば、部分部分の補填などできないといった態の様々なトルソ。なかには、もはやどう眺めても単なる大理石の塊以上の何ものでもないとまで思われるほど毀損し、摩滅の極に達したものさえ見受けられる。だがそのような岩塊も、表面のどこかに、消えゆかんとするように微かにではあるがギリシャ文字の痕跡が窺われることによって、農家の家畜小屋の敷石たることを免れ、博物館の中庭にある、うす暗い噴水の傍らに安置されることになったのだ。

トルソとは追憶の隠喩である。そのかみ、事件が生じた直後には鮮明であった記憶は、世代を経、人から人へと伝えられていくうちに細部を脱落させてゆく。他の物語と結合し、全体がひどく簡略化されていく。人は何かを想いだそうとする。だがもはや真実の形状は定かではなく、復元する試みは不可能に近い。われわれの追憶とはすべてそのようなものだ。いかにそれが美と崇高に満ちたものであったとして、われわれに手にすることができるのは、残酷にも砕き割られた断片であったり、表面が丸く磨り減ってしまった断片の表面でしかない。

『サッフォー　詩と生涯』（沓掛良彦著、水声社）には、一篇を除けば、断片として現在かろうじて残されているサッフォーの詩行が収録されている。加えてそこには註として、それらが二千年以上にわたり、いかなる迫害と賞讃を受けて来たかが、その仔細が詳細に物語られている。

サッフォーの詩作品は、あるときまでは本格的に編纂され、九巻からなる羊皮紙に纏められていた。アレクサンドリアの大図書館が殷賑を極めていたころ、それはホメーロスの叙事詩とともに、文献学者が校訂批判の情熱をさしむける対象であった。古代ギリシャの哲学者から弁論家、文法家、文芸批評家、詩論家の数々が、敬意をもってその詩を著作に引用し、陶工はそれを陶器の表に刻み込んだ。少女たちとの快楽に生きる奔放な恋の詩人という映像が、このとき造り上げられた。

だがこの女性詩人は古代末期に、思いがけない受難を体験することになった。キリスト教を奉じるビザンツ帝国はサッフォーの詩を淫売婦の手になるものと罵倒し、次々と火中に投じたという。アレクサンドリアの大図書館炎上に次ぐ大愚挙である。だが厄難はそれに留まらない。一一世紀にはローマ教皇の命により、さらなる焚書が実行された。こうしてサッフォーの作品は完全に地上から消滅したと、公式的には信じられた。

稀有なる例外がなかったわけではない。『崇高について』を著したロンギーノスは彼女の代表作「恋の衝撃」を、ほぼ完璧な形で自著に引用していた。ギリシャ・ローマの歴史家や哲学者、古註釈家などの著作は、断片的ではあるがサッフォーを引用していた。ルネサンスの文人たちは懸命にこうした書物を漁り、墨汁一滴にいたるまで、この失われた詩人の痕跡を発見せんと努めた。その結果、近代から世紀末にかけて、サッフォーは男性詩人たちの崇拝の標的となった。恋多き奔放な女。レスボス島で弟子の少女たちと同性愛に耽る女。ピエール・ルイスにいたっては、サッフォーの女弟子と称する少女に託して、偽作詩集『ビリティスの歌』までを発表した（これも沓掛氏による典雅な翻訳あり）。

サッフォーの肖像を描くにあたって唯一の興味深い例外は、レオパルディであった。彼はおのれの容貌の醜さを嘆き、その「神の残酷な過ち」は、死のほかに慰めを見出だすことができないと信じる女性詩人を詩の主題とした。この点でレオパルディに比較すべきは、誘惑者キルケゴールであろう。

サッフォー研究において決定的な事件は、一八九六年から翌九七年にかけて起こった。ナイル河畔のキュノポリスに近いオクシュリンコスで、ギリシャ語を記した大量のパピルスが出土した。そこにアリストテレースやエウリピデス、ソフォクレースの失なわれた断片などに混じって、少なからぬサッフォーの詩断片が発見されたのである。前三世紀から七世紀まで、およそ九百年にわたって記されてきたパピルスの状態はけっして良好とはいえず、それを解読することはきわめて困難に思われた、にもかかわらず、この事件とは別に羊皮紙に記された詩篇の発見などが続き、今日のわれわれが接することのできるサッフォー作品は飛躍的に増大した。もっとも断片ばかりが残存する詩を前に、作品全体の主題を推し量ることはきわめて困難な作業であり、個々の断片の解釈や補填の仕方には、研究者によってさまざまな立場があるように思われる。

今日読みうるかぎりのサッフォーのテクストにおいて、ゴンギュラ、Γογγυλα という名前はわずか二回しか現れていない。一度は Ann Carson, *If Not, Winter : Fragments of Sappho*（Knopf, 2002）において、断片九五に完全な形で登場している。断片九五は逐語訳してみると、「いいえ（………）ゴンギュラ、確かに大概の子供たちのための徴が入ってきて（……）おお、神よ、わたしは誓わない、愉しみに耽らない」となるが、断片すぎて何のことだかわからないし、素人訳者の四方田も翻訳にはまったく自信がない。

ゴンギュラがもう一度顔を出すのは、カーソンにおける断片二二である。これは沓掛訳では断片二〇に匹敵しているので、その訳を引いてみよう。

……………………

アバンティスよ、さあ竪琴を手にして
ゴンギュラのことを歌いなさい、

恋のあこがれが、うつくしい貴女《あなた》の
むねの辺《へ》にただようちに。
なぜとて、あの女《ひと》のまとう衣装《きぬ》を見て、
貴女のこころはあやしくも乱れたのだから。
それがこの私にはよろこび。
それは咎めたまわぬところゆえに…………
私の願いは……………
………………

オクシュリュンコス出土のパピルスに記されていた詩稿のつねとして、この断片も欠落が多い。実はこの翻訳に先立って、「もし冬でなければ／辛くない」という二行があるのだが、沓掛は（遺された詩稿の美しさを損ないたくないという配慮だろうか）割愛し、まとまりのある詩行だけを翻訳の対象としている。ゴンギュラはここではわずかに「…ギュラ」γυλα としか記されていない。アヴァンティスにしても同様で、「…アンティ」ανθι 以外の文字は全て脱落してしまっている。万巻の研究書を案膳に積んでいるとはいえ、沓掛良彦にしてもこの二断片をどう解釈するかには迷ったことだろう。だが彼はそこから、

「ゴンギュラ」「アヴァンティス」という固有名詞を導き出してみせた。これはもはや優れた翻訳者や比較文学者というより、恐竜の歯の化石からその巨大な全体を推し量り、模型を作り上げる地球考古学者のわざ、理科系的判断のなせるわざである。

ゴンギュラとは何者だろうか。この断片を読むかぎり、彼女はアヴァンティスの心を奪った、魅力ある女性のようだ。カーソンの註釈によれば、彼女はゴルゴなる女性の「番《つがい》」synzyx であったというが、それが女性どうしの婚姻関係を意味しているのか、それとも単なる仕事仲間を越えたものではないのかは、正確に判断することができない。ミシェル・フーコーが説いたギリシャ的ジェンダーのあり方から、われわれはもはや遠いところにいるからだ。ともあれゴンギュラがサッフォーの周辺にいて、彼女に深い敬愛の心を懐いていた少女の一人であったことはまず間違いがない。

それにしても「ゴンギュラ」という名前の美しさ。ここには祭祀と欲望、無垢と微かなゴロテスクの結合がある。それは口にするだけで古代が蘇生してくるかのような、神秘的な音の連なりではないだろうか。この出自も正体もいっこうに不明は女性は、わずかにサッフォーの二篇の詩に名前を留めたことで、今もってその名前を口遊《くちずさ》まれるのである。

だが、ここらでわたしがなぜ彼女の名前に魅惑されたかを、告白しておかなければなるまい。そもそもの契機は、サッフォーを知るはるか以前に、エズラ・パウンドが一九二六年に刊行した『大祓』*Lustra* に収録した「パピルス」という詩を読んだことにあった。当時のパウンドはイマジズムの立場から日本の短詩に深い関心をもっていたこともあり、俳句の形態を真似て、わずか三行の短い作品を書いた。

Spring ......
Too long ......
Gongula ......

わざわざ翻訳する必要もないかもしれない。「春……／永すぎる……／ゴンギュラ……」詩に「パピルス」という題名が付けられているのは、やはりオクシュリュンコスでのパピルス大量出土が「つい今しがた」の事件であって、サッフォー研究者たちがいまだ興奮の渦中にあったことに関係している。パウンドはこのときすでに『キャセイ』を刊行し、李白や白居易といった唐代の詩人の翻訳家として名声を得ていた。彼はサッフォーの断片を直接に翻訳することを避け、代わりにいかにもサッフォー風の詩を、それもパピルスの束のなかから発見されたという虚構を仄めかせながら発表した。ちなみに本朝で刊行された、何冊かのパウンド関連書には、それがサッフォーの原作に基づくという註釈があるが、誤りである。多くの人が、パウンドの手の込んだ悪戯にみごとに乗せられてしまった。ルイスとパウンドはサッフォーを前にともに贋作を制作したが、両者は多くの意味で異なっている。ルイスは読者を甘美な夢想に誘うが、それはどこまでも既知の神話の模造である。パウンドはわれわれを、予想もつかない残響の世界へと導いていく。

そう、「ゴンギュラ」という正体不明の固有名詞は、それがパウンドの短詩の最後に置かれているだけで、われわれをまったく未知の世界へと誘ってしまう。春がいつまでも終わらなくて、倦怠を感じているのは少女ゴンギュラなのか。それとも彼女の姿を発見して呼びかけている別の少女なのか。夢想は夢想を呼び、最後に振出しに戻ってしまう。そもそも春を永すぎると感じる感性とはいったい何なのか。まだ稚い身であるにもかかわらず、すでにこうした観念を弄ぶすべを知ってしまったとしたら、彼女はこれから先の人生をどのように生きていけばよいのか。

ある種の美術家はさまざまに小さなオブジェをガラス箱の内側に閉じ込め、箱の全体をもってアートと名付ける。パウンドの詩的実践はそれに似ていなくもない。彼は夥しいサッフォーの断片のなかからただ一つ、「ゴンギュラ」という言葉だけを選び出し、それを透明感に満ちたガラスの額縁のなかに飾った。ガラス箱を覗きこむ者は、この言葉の奥に、失われて永遠に戻ることのない〈古代〉なるものを認め、あてどもない夢想の世界に遊ぶのである。

ブロンズィーノ

年齢を重ねるにつれて、絵画の好みは変わっている。若いころのわたしは、ティントレットの、外連味たっぷりに決定的瞬間を描く手つきを好ましく思った。だが今ではそれは、わたしの気を誘《そそ》らない。ティツィアーノ、とりわけ晩年の彼の筆遣いに対する讃嘆の念が強くなるほどに、ティントレットのあざとさが目について、心を惹かなくなった。ラファエロはもとより興味がない。クリヴェッリはその奇矯なる金属的な装飾趣味が好きで、ときおり画集を開いては悦に入っているのだが、はたしていつまで続くだろうか。案外、これからの人生のどこかで飽きてしまいそうな気がする。もっともウッチェロに対する敬意は、わたしの心の内面にある童心を計る基準として、いつまでも続くだろう。コレッジョの、あの無防備なまでの甘さも、レオナルドの冷たく誘惑的な微笑も、わたしのなかに畏怖の感情を掻き立ててやまないだろう。

ブロンズィーノを好きになる、というよりも、その意図に少しでも接近できるようになるには、ずいぶんと時間がかかった。わたしが学生時代、彼は絵画の記号学の論文にあって、いつも例として掲げられる寓意画の作者だった。『ヴィーナスとキューピッド』という作品の構造分析に、わたしは何回付き合わされたことか。いかにもわかりやすい二項対立。記号表現と記号内容の結合。わたしにはそれが、分析してしまえば何も残らない、単純で退屈な絵画のように思えて仕方がなかった。要はメディチ家のお抱え画家ではないか。権力に媚びへつらい、註文とあれば何でも描いてみせる恭順の徒ではないか。わたしの偏見は愚かしくも長く続き、この画家について、一六世紀フィレンツェの権謀術策の世に生きた卑小なる人物といった以上の認識を、わたしに与えることを妨げた。

ブロンズィーノに対する思いが変わったのは、大学を退官した後、かつて語学留学したフィレンツェの街を久しぶりに訪れたときのことである。ウフィッツィ美術館の二階にあがり、ツアー客でいつも込み合っている部屋という部屋を抜け出、人気のない、薄暗い回廊をめぐって誰もいない空間に迷い込んだとき、そこがこれまでの喧騒とまったく違う場所であることに気付いた。貝殻の屋根のついた八角形の部屋があって、壁は真紅である。ブロンズィーノの肖像画だけを陳列した、「トリブーナ」と呼ばれる特別室だった。

一番目立つところに、毅然とした表情で甲冑で身を固めた、コージモ一世の肖像が飾られている。次に書物に手を置いた貴婦人の絵。そして幼げな子供たちの絵が、何枚も並んでいた。しばらくそうした肖像画を眺めているうちに、わたしはそこに描かれている人物たちが、老若男女に関わらず、例外なく冷ややかな眼差しをもち、口を閉ざしていることを知った。彼らは全身でもって静寂を体現していた。幼げな童女の顔には、すでに人生をめぐる諦念が浮かんでいた。取り澄ましたエレオノラ王妃の顔には、矜持と自信にもまして、誰をも寄せつけようとしない拒絶が感じられた。紐のかかった小さな文庫を胸元に抱いている少女の眼からは、世界の誰をも信じないといった警戒の意志が窺われた。誰もがいちように秘密を抱えている。いや、この表現では不充分かもしれない。彼らは秘密そのものを体現していた。

ロベルト・ロンギは『芸術論叢』のなかで書いている。「あたかもヒスイか貴石の中に構想したかのように凍りつかせたメディチ家の肖像。」(前木由紀訳)。

不思議なことに、わたしはこの部屋に迷い込んだとき、奇妙な既視感に襲われた。描かれた人物たちの秘密という秘密が、わたしの心のなかにある共鳴弦に訴えているような気持ちになったのである。この人たちには、どこかで以前に出くわしたことがある。わたしは咄嗟にそう直覚したのだが、その感情を解き明かすことはできなかった。

アニョーロ・ブロンズィーノは一五〇三年、フィレンツェに、つましい肉屋の息子として生まれた。「ブロンズィーノ」il Bronzinoというのは「青銅《ブロンズ》の」という程度の意味である。いつも赤茶色の帽子を被っていたとか、顔色がブロンズの彫刻のようだったとか、さまざまな説があるが、もちろんどれもさしたる根拠があるわけではない。ヴァザーリの『画家列伝』を除けばこれといって伝記的情報はないのだが、簡単にその生涯を語っておこう。

生まれつき絵心のあったブロンズィーノは、最初はラファエリーノ・デル・ガルボなる画家の弟子となったが、ほどなくしてポントルノの工房に入った。ポントルノはこの若者を気に入り、弟子としてたいそう可愛がったようである。

一五二三年、フィレンツェをペストが襲い、多くの市民が厄難を避けて、フィエゾレの丘を始め、郊外へ避難したことがあった。ポントルノはフレスコ画の大作に取りかかるという名目で、ガルッツォの修道院に閉じこもった。このとき二〇歳になったばかりのブロンズィーノを同行させている。この若者はそこで『聖ロレンツォの結婚』と『ピエタと二人の天使』を描き、画家としてデビューすることになる。ここにヴァザーリが訪れ、以後、この三人は四〇年にわたる友情をともにすることになった。もっともわたしは、師匠ポントルノと弟子ブロンズィーノの間には、ひょっとして同性愛の関係があったのではないかと睨んでいる。

ブロンズィーノはその後も教会の依頼でポントルノと合作をしたり、独自に修道院の中庭に小さなフレスコ画を描いたりしていた。一五二七年から二八年にかけては、またしてもペストを避けてフィレンツェを離れ、近郊のビヴィリアーノへ避難している。

ブロンズィーノはこのとき、ロレンツォ・レンツィという一二歳の少年の肖像画を手掛けている。これはアレッツォの名門貴族の出で歴史家、ベルナデット・バルキの寵愛を受けていた美少年であった。肖像画にはまさにこのロレンツォ少年が、バルキが少年に与えたペトラルカの詩集を開いて、無邪気そうな眼差しを見せているさまが描かれている。バルキの意向を受けて描いた作品であろう。もっともこの時期の肖像画には、後にブロンズィーノに特徴的な、あの怜悧にして陰密めいた視線は現れていない。少年は後にフェルモの司教となった。

肖像画家としてのブロンズィーノが脚光を浴びたのは、それから数年後、ウルビーノ伯に招かれ、二年にわたってペザロに滞在したときのことである。グイドバルド・デラ・ロヴェーレなる青年貴族をモデルに描いたものが、公式的な意味での最初の肖像画となった。ロヴェーレは甲冑に身を包み、一八歳にして堂々たる黒髭を蓄えている。白く優雅な右手は兜に、左手は忠実そうな表情の猟犬の首に置かれている。野心と活力に満ち、将たるにふさわしい表情をしているというべきであろう。注目すべきは右手と左手の間、つまり兜と犬の間にある、緋色の繻子の股袋《ブラゲット》の存在である。この時代には男性らしさを強調するため、股袋に詰め物をして、その大きさを競いあうことがしばしばなされていたと聞くが、それを差し引いて見たとしても、肖像画のなかの青年はあきらかに男根を、この上なく大きく勃起させているのだ。

ちなみにドミニク・フェルナンデスに『神秘の交際《ソシエテ》』といって、ブロンズィーノが一人称で語る長編小説が存在している。わたしは以前、パゾリーニの伝記に虚構をこき混ぜ、『天使の手の中で』というみごとな小説に仕立て上げたこの作家が気に入っていて、折につけ著作を集めていたのだが、この作品も臭いたつような男気《おとこぎ》が感じられ、期待に背くものではなかった。当然のことながらこの肖像画の製作をめぐっても、「ズッキーニのようにもっこり」という題名で、わざわざ一章が設けられ、ロヴェーレとブロンズィーノの間の対話が活写されている。青年貴族は躊躇する画家に向かって、これは父上に対するメッセージなのだから臆せずに巨大に描けと命じ、画家は恥も忘れて命令に従う。その結果、完成した絵画を見た母親は、怖れをなしてしまう。だが当の息子は上機嫌で、この「突起」は百万言の誓願や言説よりも雄弁であるとうそぶき、高らかに哄笑するのだ。

後にウルビーノ公となるこの青年貴族を描いた肖像画が好評を博したこともあり、一五三二年にフィレンツェに戻ったとき、ブロンズィーノはすでにひとかどの肖像画家として期待されるまでになっていたようである。あちらこちらにあるメディチ家の離宮別荘のために、フレスコ画の製作を依頼されたばかりではない。メディチに対抗するベッティーニ家からも注文が到来する。俗人、聖人、知名人、註文とあらばモデルの是非を問わず、肖像画を描きまくる。名声はいよいよ高まり、その是非をめぐって、フィレンツェ中が二分されるほどであったという。一方で彼は詩人文人と交際を深め、みずからもヴェネツィア経由で諷刺文を発表するといった、離れ業を披露してみせた。

一六世紀のフィレンツェとはメディチ家の天下であった。銀行家にして政治家、財力と権力を欲しいままにしたこの貴族一家は、シエナ共和国と戦ってフィレンツェの中央集権を徹底させたばかりか、レオナルド・ダ・ヴィンチをはじめ数々の画家を庇護し、ルネッサンス文化の興隆にあたって大きな役割をはたした。だがその一方で、淫蕩と権謀術策に長け、同族の間で刺殺と毒殺を繰り返した、呪われた家系でもあった。

コージモ・ディ・メディチ（一五一九―七四）は、ブロンズィーノより一年年長である。彼が一五六九年に法王からトスカーナ大公に任じられると、フィレンツェはトスカーナ大公国の首都として、さらなる殷賑を極めることになった。このコージモ一世はブロンズィーノを重用し、一族の者の肖像画を次々と描かせた。わたしがウフィッツィで迷い込んだ特別室の壁一面に掲げられていたのは、そうした作品である。いや、正確にいうならば、メディチ家の名画財宝を恒久に保存するためにこの美術館が創設されたのであるから、お抱え画家のコレクションが安置されているのは当然のことかもしれない。

わたしが足を踏み入れた部屋には、母親と子供たちの絵が飾られていた。コージモ一世が娶ったナポリ副王の娘、エレオノラ・ディ・トレドと、二人の間に生れたジョヴァンニ、フランチェスコ、マリア、さらに傍系のジュリアかと推測される少年少女の肖像である。コージモには嫡子庶子を合わせて一五人の子供がいた。エレオノラはそのうち一一人を産んだが、幼くして死んでしまった者も少なくなく、ただ一人、スペインという彼女の出自に因んで名付けられたガルツィアの肖像画は、ウフィッツィにはない。だがそれでも六点の作品が一堂に会しているさまは壮観であり、描かれたモデルたちの一人ひとりのその後の顚末を心に思い浮かべるならば、目にこそ見えないものの、物語の複雑な磁力がその場に張りめぐらされているような気がしないでもない。

最初に目に入るのは、若きエレオノラ王妃とジョヴァンニを描いた、大きな肖像画である。一五四五年、母親はまだ二三歳、長男は二歳である。王妃はバロックの蔓草模様をあしらった、絢爛豪華な衣装を身につけ、大きな真珠の首飾りを二重にかけている。結婚早々にして男の子を産んだこともあって、彼女は清楚ではあるが自信満々だ。もっともその眼は冷たく醒めきっているような印象がする。

ちなみにブロンズィーノはおよそ一五年後に、もう一度、彼女の肖像画（ウィーンの芸術歴史美術館蔵）を描いている。三〇歳代後半の彼女はすでに一一回の出産を体験し、頑丈な体形と化している。強い意志がきつい化粧に釣り合い、かつての清楚さを思わせるものはもはやない。だが、心なしか、その表情にはいくぶん神経過敏な、疲弊の色が浮かんでいるように思えなくもない。実はわたしたちはその後の物語をすでに知っている。王妃はこの第二の肖像画からまもなくして、わずか四〇歳で身罷ってしまうのだ。もっとも彼女の胎から生まれた子供たちの子孫は全ヨーロッパに拡がり、王家という王家に縁戚関係を築き上げることになるだろう。

王妃の子供たちの肖像はどうだろうか。小鳥を手にした二歳のジョヴァンニは、ラブレーの描いた幼いガルガンチュアのように天真爛漫である。フランチェスコは年齢に比べて思慮深げな顔つきをしている。マリアもまた充分に聡明であるが、それ以上に、少女としてすでに崇高な美しさを湛えている。彼女はひときわ飛び抜けて豪奢な装身具を身に着け、典雅な縫い取りのある衣装を着ている。もちろんこうした少年少女は、ほどなくして自分が夭折したり、たとえ生き延びて成年に達しても、毒殺されてしまう運命にあることなど知るよしがない。

実はウフィッツィの特別室には、もう一人、ビアと呼ばれる少女の座像の肖像画が飾られている。ビアはコージモ一世の最初の子供であり、彼とエレオノラの結婚の直前に、名もなき女を母親として生まれたとされている。ビアという名は、「バンビーナ」（子供）という語を約めた愛称であって、本名は不明である。この少女は一五四二年二月、幼くして世を去った。記録によれば、ブロンズィーノによる肖像画は同じ年に製作されている。もしそれが本当であれば、絵は彼女の死の直前に描かれたものだろう。絵のなかの少女は病気らしい徴候もなく、微光のような美しさに包まれている。その美しさが幼くして人生をめぐる諦念を抱かされてしまったことに由来しているのか、それともより資質的なものに拠っているのかは、判断することができない。

もっとも、いくぶん気にかかることがないわけではない。少女が年齢にしては大人びた、袖の膨らんだ服を着ている点がひとつ。もうひとつは、コージモ一世の横顔を刻んだメダリオンを、胸につけていることだ。それは彼女の父親が誰であるかを如実に知らせている。だが、エレオノラが正妻としてメディチ家に乗り込む直前に、まさに醜聞として生まれた庶子を表象するにあたって、こうした記号をわざわざ描きこむことは何を示しているのだろうか。これはどこまでもわたしの想像でしかないのだが、ブロンズィーノはひょっとして、ビアのありえたかもしれぬ姿を、彼女が現世を去った後に、なかば虚構の力に訴えながら描いてみせたのではないか。肖像画を通してコージモ一世が嫡子として認めたマリアと、薄幸の庶子であったビアを見比べてみると、彼女たちが幼くして隔絶した世界観を抱いていることが、明確に理解できる。ビアが内面に抱え込んでいた秘密は、マリアには預かり知らぬものであった。だがビアには、やがて生まれてくるであろうマリアの人生の秘密を思い描くことはできなかった。彼女については、実の父親に殺害されたという風評があるが、真偽のほどは定かではない。

ビアの名前はメディチ家の家系図から完全に抹殺されている。彼女が存在していたという事実は、わずかにブロンズィーノが描いた一枚の肖像画によって確かめられるにすぎない。だがウフィッツィはその絵をあまたの嫡子たちの絵と対等に並べることで、画家であったブロンズィーノの意志を伝えようとしている。ヨーロッパの王侯貴族たちにその血を継承させることなく現世から零れ落ちてしまった少

ブロンズィーノ『ビアの肖像』
（ウフィッツィ美術館、1542）

女の映像を、彼女が抱いていた秘密を、われわれに記憶と想像力のうちに刻み付けようと努めている。

ウフィッツィの特別室に迷い込んだときにわたしが感じた奇妙な既視感について、蛇足めいた後日談を記しておきたい。

その後、パリに移ったわたしは、ルーブル美術館でも数点のブロンズィーノを発見することになった。そのひとつ、『若き彫刻家の肖像』には確実に見覚えがあった。それは、かつて澁澤龍彥が責任編集を手掛けた雑誌、『血と薔薇』の表紙に用いられた絵画だった。高校生のわたしは、相当に背伸びをして手に入れたこの豪華雑誌を文字通り端から端まで読み通し、見知らぬ画家や哲学者の名前に触れたものである。とりわけこの肖像画に描かれた若者の冷たげな視線には、深く魅惑されるところがあったことを思い出した。

なんだ、きみはこんなところにいたのか。わたしは思わず、描かれている白皙の青年に話しかけたい気持ちになった。一説によると、青年はピエリノ・ダ・ヴィンチといって、かの有名なレオナルドの甥であるという。そういわれてみると、肖像画に描かれている眼差しの冷たさと意味ありげな微笑、彫刻を弄る手の優雅さが了解されなくもない。わたしのブロンズィーノをめぐる偏愛は、実は四〇年以上も前にそっと仕掛けられ、長らく無意識のうちに眠っていたのにすぎなかったのだ。わたしは自分の内面にある秘密がひとつ解けたような気がした。だがそれは、わたしとブロンズィーノの間に、もうひとつの秘密が生れたことを、同時に意味していた。

アリス・スイート　Alice Suite

1

墜ちてゆくきみは
虚空に静止している
墜ちてゆく姿は呑みこまれ
わたしのところまで届かない

穴の縁《ふち》をそっと覗きこんでみると
食器棚や本棚はぼんやり見えるけれど
穴の奥は暗くて　深くて
何もかも吸いこんでしまう

きみの輝かしい身体
金髪が腕に絡まり　腕輪の黄金となる

いつまで墜ち続けるのだろう
きみはふと考える
いなくなったわたしを　猫は忘れてしまう
死ぬとはこんなことだったのか

きみが無限に墜ちていくというのに
わたしの両眼に残るきみが　そのかみ
川辺で歌っていたときのままだとは
なんという運命の悪戯《いたずら》だろう
きみにとって
いや　わたしにとって
もはやとうの昔から

地上が思い出でしかないというのに

2

わたしを食べて
わたしを食べ尽くして
乳棒と乳鉢でわたしを磨り潰し
竈の火に焼《く》べておくれよ

わたしの軀《からだ》がばらばらになりますように
忌々しい手や足が捥ぎとられ
冷たい蛇のようになれますように
パンのように裂かれ　鳥たちに啄まれますように

わたしを食べて
わたしを食べ尽くして
干乾びた骨が荒野に散らばりますように
茸の原に迷う少女の道標《みちしるべ》となりますように

3

俺さまのことはダムといいな。
俺さまのことはディーといいな。
失礼ですが、ダムさんですか。
馬鹿いっちゃいけない。俺はディーだ。
すみません、ディーさんですか。
馬鹿いっちゃいけない。俺はシャムだ。
シャムさん、ディーさん。
お前はほんとに馬鹿じゃないか。

俺さまはシェムで、こいつがシャムだ。
すみません、シャムさん、こちらは
馬鹿いっちゃいけない、俺がシャムで
こいつがダムだっていったじゃねえか。
じゃあディーさん、えーと、シェムさんは。
こいつは恐ろしく頭の悪い女の子だな、
俺がダムで、こいつがチーヤ。
俺がシャムで、こいつがパーヤ。
はじめまして、ダムさん。
いいかい、俺さまはダムじゃない。
シェムでもなくて、パーヤと呼びな。
はい、わかりました、パーヤさま。
馬鹿だな、おまえがパーヤじゃないか。
俺さまはチーヤで、こいつはシェム。
俺さまがシャムで、こいつがディー。
じゃあ教えてよ、わたしは誰？

お前はほんとに馬鹿じゃないか。
こいつは恐ろしく頭が悪い女の子だな。
お前の名前はないんだよ。
お前が森で遊んでいたとき
小鹿が咥えてもっていったとさ。

4

アナ・メンディエータに

一握りの骨灰を手に
きみは荒野に横たわる
一面のカスミソウが身を覆い
きみの顔はもはや定かではない

石灰岩の肌に刻まれた
きみの似姿
足を折り畳み
貝殻の襞のような
岩の割れ目に
そっと手を差し入れ

きみは貪られ
顔も　皮膚も　爪も　髪の毛も食べ尽くされ
割れ目そのものと化して
カスミソウの精霊の間を
あてどなく漂っている

食べ尽くされた歳月が
星の導きとなりますように

5

一番目の少女は意地悪されて
学校いやよと　拒食症
みんなが気遣い　噂した
女王様にだって　なれるのに

二番目の少女は煮転がし
海の彼方へ連れ去られた
生死のほどはわからない
みんながいった　お気の毒

三番目の少女は逆立ち得意
仲良し少女の首を切り
血まみれシーツに横たわる

どこで　どうしているのやら
──ねえ、さて、アリス
きみはどう?
──お勉強《レッスン》など糞くらえ
だってわが身が擦り減る《レッスン》だけよ

註　第一歌一〇行目はジョン・ダンの綺想詩による。七爺《チーヤ》、八爺《パーヤ》は福建台湾の城隍廟の守護神（長崎発音）。

パウンドとオルガ・ラッジ

あなたが憧れるパートナーシップと問われたら、どう答えようか。ただちに思い出すのは、太田垣蓮月と鉄斎のことだ。

太田垣蓮月は幕末の京都に生きた女人である。夫の死後に得度し、生活の方便《たつき》のために埴細工を学び、その方面で高い評判を得た。六〇歳のとき、彼女はある貧しい少年に出会った。ただちにその少年の才能を見抜き、侍童として傍らにおいて面倒を見た。少年は蓮月のもとで心学を学び、後に鉄斎と人が知る大画家となった。四五歳の年齢の隔たりを越えて、彼らはそれぞれの仕事を理解しあい、互いに賛を送った。鉄斎の蓮月への畏敬の念は、数々の合作作品から窺うことができる。二人の間に性愛の関係があったとは想像しにくいが、これは師弟愛から出発して芸術家どうしの友愛がすばらしく結実した、稀有な例であると思う。

太田垣蓮月と鉄斎については、亡くなった杉本秀太郎さんにみごとな評伝があるので、わたしが言葉を重ねることはあるまい。わたしがここで書いておきたいのは、エズラ・パウンドとその終生のパートナーであったオルガ・ラッジのことである。

パウンドの説明は簡単である。ずばりいう。二〇世紀の世界文学で最高の詩人である。彼はアメリカ中部に生まれ、ペンシルヴェニア大学に学ぶとヨーロッパに移った。第一次世界大戦の前の「ベルエポック」の空気を吸うことのできた、最後の〈粗野〉なアメリカ人の一人である。彼は最初はパリに、次にイタリアに惹かれ、その地に長く住んだ。

三二歳のときに長編詩『キャントーズ』の執筆を始め、生涯それに全精力を傾けた。これはホメロスに対抗するつもりで構想された長大な作品で、一応は英語を基本にしているが、ギリシャ語、ラテン語から、中国語、日本語までが登場する。いたるところに『論語』や『春秋』といった漢籍の引用が、漢字のまま放り込まれている。だが詩人としての才能にまして、パウンドは翻訳の天才であった。協力者を得ると、エジプトの古代詩から中世プロヴァンスの吟遊詩人、漢詩、日本の謡曲までを、自在に英語に直した。音楽についても造詣が深く、若いころにはオペラの作曲までしている。

もしこの大天才の人生にひとつだけ誤りがあったとしたら、それは資本主義社会の堕落を批判するあまり、ムッソリーニ率いるファシズムに共感を寄せたことだろう。アメリカ人は東洋の賢者の道である儒教を知らず、銀行の利子を基盤とした社会を築き上げている。けしからんことだ。こうした社会観は、不幸にしてこの亡命アメリカ人を反ユダヤ主義へと向かわせた。その結果、第二次世界大戦が終わると、天才詩人はワシントンの精神病院に長きにわたって監禁されてしまう。晩年は人を避け、ヴェネツィアにひっそりと隠れ住んだ。ときにビートルズのレコードを聴いて頷いたり、勝手に弟子を名乗るパゾリーニが押しかけてきたりもしたが、世界中の良識派の文壇からは無視され、孤独な最後を遂げた。政治的な不運がなかったとしたら、彼は確実にノーベル文学賞を受賞していたはずである。

ここでオルガ・ラッジのことを考えてみる。もしこの卓越したヴァイオリニストがかたわらに存在していなかったなら、パウンドは八〇歳を越しても詩的霊感を保ち続けることなどできず、朽ち果ててしまったことだろう。オルガはエズラとともに音楽の栄光を分かち合い、彼が世間から忘れられ、文学の世界ではほとんど抹殺されていたとき、ひとりイタリアの地にあって彼を待ち続けた。一二年の長きにわたってである。パウンドが自由の身となると、ヴェネツィアの小さな持家に彼を引取り、パウンドの名誉回復に努めた。パウンドの死後はスーザン・ソンタグやロシアの亡命詩人ブロツキーなどを自宅に招き、亡きパートナーの思い出を語った。

だが、それだけではない。オルガは単にパウンドの苦境を忍耐強く支えた女性というわけではなかった。彼女は両大戦間のヨーロッパにあって一世を風靡したソロ・ヴァイオリニストであり、忘れられたヴィヴァルディの楽譜を根気よく復元し、彼を古典音楽史のなかに位置付けるという大業をなし遂げた人物でもあった。オルガとパウンドは音楽を媒介として、詩と演奏というそれぞれの分野で霊感を分かち合い、切磋琢磨を続けたというのが実のところだ。

エズラとオルガはどのようにして出会ったのだろうか。

ときは一九二二年のパリ。二六歳のオルガはもはや人生に、これ以上何も望むことがないような境遇にいた。コンサート・ヴァイオリニストとして名声はすでに確立されている。ブーローニュの森の近くには、母が遺した、みごとな家具の並ぶアパルトマンがあった。彼女はアイリッシュ系の黒髪を当世風にボブに切りそろえ、青く、スミレ色の混じった眼をしていた（後にエズラはそれを「ボッチチェリーのヴィーナスの眼」と、詩のなかで讃えた）。ケルト的な文様装飾の服に身を固め、サロンに出没。といっても交際相手はセーヌ河の右岸に住まう女性に限られている。作家のコレット。映画監督ブニュエルのパトロンであったノワイユ子爵夫人。国際的スパイのマタ・ハリ。彼女たちはレスビアンであったり、戦闘的なフェミニストであったり、婦人参政権運動の推進者であったり、それぞれの生き方をしていたが、ひとつの点において共通していた。セーヌ河の向こう岸、つまり左岸に最近集まってきたアメリカ人の、自称「作家」たちを、どことなく野暮ったく思っていたことである。あの人たちって、固まって勝手に住んで騒いでいるだけよ。わたしたちみたいに、フランスのことなど、何にも知らないんだわ。

ところがこうしたハイブロウなオルガの小世界のなかに、アメリカ人、それもとびきり粗野で、豪快で、頑固で、ゴツい無精髭を伸ばした男が乱入してきた。三七歳のエズラ・パウンドである。彼はすでに「とうてい血が通っているとは思えないほどに美しく、氷のように青く冷たい眼差し」をもったイギリス人女性と結婚していたが、とあるパーティの場で彼女とまったく異なった、野性的な雰囲気のオルガに出会ってしまった。その瞬間、パウンドは運命的なものを直感した。その夜、オルガは黄金の龍の縫い取りのあるジャケットを着ていた。李白や白居易といった唐代の詩人たちのことで頭がいっぱいだったエズラは、この偶然に驚き、自分がこれから進むべき詩学の道を、彼女が指し示しているように思えたのである。彼は私淑していたドミ・ド・ルージュモンの一節を想起した。「文明人が単婚制を受け入れるのは、そこから自由に出たり、また戻って来ることができるかぎりにおいてである。」エズラは自分の詩的想像力の発展のため、オルガを必要としていることを自覚した。そこで、改めて友人を連れてお伺いしたいのですがとだけいうと、その場を辞した。オルガはオルガで、後に回想したところによれば、この出会いから人生のすべてが始まるのだという強い確信を抱いたという。

ヘミングウェーはパリの日々を回想した『移動祝祭日』のなかで書いている。エズラは当時、左岸のなかでもとびきり貧乏暮らしをしていた。壁の傾いた屋根裏部屋で、ピアノもなく、それでも心のなかでは中世に吟遊詩人たちが廻り歩いた南フランスに、強い憧れを懐いていた。音楽好きは母親譲りだ。そこでなんとか一五世紀の泥棒詩人フランソワ・ヴィヨンの詩『遺言』を素材に、オペラをコツコツ作曲していた。もっとも正規の音楽教育を受けていたわけではない。記譜法をよく知らないので、イギリス人の友人に手伝ってもらってのことだったが……。

あるときエズラは思い切ってセーヌ河を渡り、右岸一六区にあるオルガのアパルトマンを訪問した。友人は連れず、一人だった。彼はいきなり自作オペラの楽譜をオルガの前に突き出すと、これをいっしょに作りたいから協力してくれないかと提案した。どんな曲なのとオルガが尋ねると、いきなりそばにあったピアノに向かい、一本指でメロディーを弾きはじめた。しかもせっかく準備してきた楽譜などまったく無視。勝手にピアノを強く叩いては歌い出した。音程は正確だったが、テンポはめちゃくちゃである。

オルガはエズラの肩越しに楽譜と鍵盤を覗いていて、心配になった。あのね、ちゃんと楽譜通りに弾かなくちゃだめよ。しかしエズラは頑固で、自分の霊感の示すようにしか歌わない。

……こうして奇妙な共同作業が始まった。エズラの頭の中にある、ナマの音楽の着想を、オルガがキチンとした曲に仕立て上げていく。そこにエズラの友人で作曲家の、ジョージ・アンタイルが加わった。二〇年代パリの音楽界を引っ掻き回した、お騒がせ男である。三人は左岸と右岸とを忙しげに往復しながら、これまで一度も作られてこなかった、途轍もない音楽を作ろうという情熱だけを共有していた。アンタイルはオルガのために、ロマ（ツィンガロ）のフィドルのように異教的で危険な香りのするヴァイオリン・ソナタを作曲し、それがシャンゼリゼ劇場で初演されるや、ストラヴィンスキーの『春の祭典』を思わせるといった好意的な批評が出た。だが同じ彼が九台のピアノを舞台にあげ、ラウドスピーカーと警笛を用いた作品を発表すると、聴衆は怒りだし、舞台は大騒ぎとなった。もうあんな頭のおかしいヤツのことは忘れろよ、とエズラはオルガにいった。これからはバッハとモーツァルトを一日おきに練習し、現代ものから少し遠ざかることにしよう。オルガはその助言を受け入れ、やがて忘れられた作曲家ヴィヴァルディの再発見へと向かった。ヴィヨンに想を得たオペラ『遺言』はようやく完成し、部分的にではあるが上演された。いうまでもなくヴァイオリンのソロをとったのはオルガである。
ほどなくして二人はパリを去り、イタリアの田舎に居を構えた。エズラは長編詩の執筆に邁進し、オルガはヨーロッパにその人ありと呼ばれるまでに、ヴァイオリニストとして高く評価された。二人の間には娘メアリーが生れた。だがここであえて記しておきたいのは、その数か月後に、エズラの妻ドロシーも負けずに一児を出産していることである。エズラは人類最初の詩人ホメロスの名を取って、その子をオーマーと名付けた。この堂々としたポリガミー（複数婚）の実践を、おそらくエズラはギリシャ神話の神々から学んだのだろう。メアリーは後にエズラの『キャントーズ』をイタリア語に翻訳し、オーマーは古代エジプト語を学んで、父の翻訳を忠実に助けた。ずっと後になって、わたしはメアリーに自分の英訳詩集を送った。折り返し九二歳の彼女から返信があって、母親の演奏はもはや記録が失われ、聴くことができなくなってしまったとだけ記されていた。

エズラとオルガの間では、すべてが好調とはいかなかった。二人の住むイタリアはすでにファシズムが支配していた。音楽好きのムッソリーニはオルガの演奏会に通い、現在の貨幣経済社会の過ちについて、エズラに助言を求めた。エズラはしだいにファシズムに同調してゆき、ローマのラジオ局から、アメリカ政府を批判する海外向け放送を担当するまでになった。

一九四五年に世界大戦が終了すると、こうした行為のすべてが裏目に出た。アメリカ人であったエズラは国家反逆者として訴えられ、ワシントンの精神病院に一二年にわたって収容された。オルガは瓦礫のイタリアに留まり、母親から譲り受けたヴェネツィアの小さな家にエズラが戻って来る日を待ち続けた。一九五八年、エズラはようやく自由の身となり、イタリアに戻ってきた。ファシズム革命の挫折と長期に及ぶ監禁生活から、彼は極端なまでに寡黙な人間となっていた。にもかかわらず、残っているかぎりの詩的情熱を用いて、畢生の大作『キャントーズ』の完成を目指した。

エズラは一九七二年に八七歳の生涯を閉じた。オルガはその後も生き続け、一九九六年に一〇一歳で身罷った。ヴェネツィアから少し離れた小さな島に、彼らの倹しげな墓碑が並んでいる。周囲は植物が繁茂しているため、なかなか見つけ出すことが難しい。だがその二つの碑のあり方は、どこかしらエズラが若き日に親しんだ白居易の詩を思わせなくもない。いわずもがな、玄宗皇帝と楊貴妃の死後の誓いを詠った一節である。

エズラの死後、だいぶ経って、彼がオルガに献げた詩の断片が発見された。最晩年に記されたものである。昨年それがようやくイギリスで刊行されたので、少し引いておきたい。

オルガという名前は勇気であり
　彼女の洞察力の優雅さ、
その名前は忠実さであり
　指遣いの敏感さ。
自分が目にしたことのある、あらゆる美しいものをめぐり、
　細やかに追憶を語るさいの
　彼女の知覚の細やかさ

アンドレ・ブルトン

わたしは眼の前に並べられている雑多なモノの数々に、そのあまりに過剰なる拡がりに身動きがとれないでいる。博物学者に特有の情熱、いや、より正確にいうならば、ありとあらゆる陶酔の情念が結晶化して遺されたとき、その冷たい遺骸から立ち昇ってくる、あるはずもない香りに囚われ、うっすらとした眩暈の気持ちに襲われている。アンドレ・ブルトンのアトリエのことだ。

前方の机の上には使い古したパイプがいくつか。空になった香水瓶。ルーペ。妖精のレリーフのついたブロンズの灰皿。握りしめた手を象ったバタンテ（扉のノッカー）。トランプ。メキシコの小さな陶器の人形。鉱物の結晶体の欠片。木彫りの鰐。そのわきには何十匹もの蟬の標本箱。南国の植物の枝に群がっている極彩色の鳥たちの剝製。本棚には巨大な木のスプーン。マネキン人形の汚れた片手。守護神のように壁から見下ろしている、アフリカとオセアニアの仮面と人形。これは大小、夥しい数にのぼる。タカラガイ。大小さまざまなガラス玉。数珠。さりげなく羊歯の葉の複製が活けられているのは、狂女の眼が神秘的に見開いて行くさまを羊歯の葉に喩えた『ナジャ』の一節を、見る者に思い出させる。

ブルトンのアトリエは現在、パリのポンピドゥー文化センターの四階に永久展示されている。もちろん誰でもが簡単に見ることができ、(日本の愚かしい美術館とは違って)写真も自由に撮影することもできる。シュルレアリストのタンギーやエルンストの絵画が並んでいる部屋から部屋へ、迷路のように続く白い壁に沿って歩いてきた者は、突然目の前に拡がる莫大な数のオブジェの山に一瞬息を呑むことだろう。かたわらに慎ましげに置かれた説明板を読むと、それがブルトンが二五歳のときから(意に沿わぬ亡命流謫の日々を別にすれば)四四年間にわたって住んだパリ九区フォンテーヌ街四二番地の自宅書斎の奥の間を、一人娘オーブの協力を得て、できるかぎり正確に再現したものであると判明する。アトリエのもうひとつの間を見たい者のためには、さらに詳しい記録映像が残されている。この二部屋の映像に加えて二〇〇三年にオテル・ドゥロウで開催された大回顧展の映像に当たるならば、シュルレアリスムの統領であったこの人物が生涯にわたって蒐集した厖大な絵画、写真、民族学的なオブジェのほぼ全容を知ることができる(Fabrice Maze, *André Breton Malgré Tout, Hôtel Drouot, le 31 Mars 2003*, Seven Doc)。

復元されたアンドレ・ブルトンのアトリエ（ポンピドゥーセンター、撮影著者）

ミシェル・フーコーがブルトンの死に際して彼を「現代のゲーテ」と称えたことは、やはり間違いではなかった。森羅万象に向かって驚異を問い続けたこの人物が最後に遺した作品とは彼のアトリエであり、それは（彼がときに好んで言及したエゾテリスムの喩に倣うならば）真の意味で魔術的空間であった。

アトリエにあって興味深いのは、こうした民俗学的に古い時間を感じさせるオブジェと、世界の彼方の王国や島嶼から運ばれてきたオブジェの間に、息苦しいまでの密集さにもかかわらず、さらにまったく異なった系列のオブジェが陳列され、展示されていることである。記録映像を含めて、彼の二部屋のアトリエに所蔵されたものの全体を通してみると、そこにはさらにおおまかにいって、三つの流れ、三つの時間の層が認められる。まず最初に、同時代に前衛的情熱をともにした者たちの作品の系列。次に近代ヨーロッパにあってブルトンが敬意を保ち続けた先行者の系列。そして最後に彼の個人的至福の系列である。博物学と文化人類学に属するオブジェの系列をアトリエの縦糸とするならば、この三つの系列はさしずめ横糸である。

横糸の最初の系列を構成しているのは、ブルトンが提唱し、理論化し、生涯を捧げたシュルレアリスム運動に馳せ参じた芸術家たちの作品である。おそらくフランス美術史の専門家の興味をそそるのは、もっぱらこの点にあるのかもしれない。ガラスを素材とし、dancerとdangerという二つの言葉が奇怪に重なり合うように設計された、マン・レイの器械作品がある。絵画作品ではミロとタンギー、エルンスト。それに、ちょっと不思議な感じがしないでもないが、一応ダリもある。

こうした二〇世紀の芸術作品は、けっして博物学的蒐集から切り離されて陳列されているわけではない。むしろそれらはオセアニアの仮面と武具の間に挟まれていたり、アフリカのギザギザの槍の傍らに置かれることで、不思議な混淆状態を体現している。ウィルフレッド・ラムの油彩は、その隣にあるアフリカの数々の木彫りといささかの不調和も示していない。両者の間には強い文化的親近感と形態の類似が窺われる。とりわけ傑作なのがデュシャンのオブジェだ。球体と錐形の物体を中空に吊るしたこの作品は、魚や鰐の木彫りに挟まれ、左右を仮面や民具に囲まれているので、それを有名なシュルレアリストの作品だと知る美術専門家以外の者には、単なる用途不明瞭な民芸品のようにしか見えてこないのだ。実はかく申すわたしも、つい気付かずに他のものに目を移してしまいそうになり、不分明を恥じたことがあった。

文化人類学の対象であるはずの仮面や彫刻と、二〇世紀の前衛芸術作品を平然と並置することは、何を意味しているのだろうか。ただちに思い出されるのは、ピカソをはじめとする画家たちが黒いアフリカの彫刻の形態に強い印象を受け、それを自作に導入したという、西洋美術史の有名な挿話である。だがブルトンのアトリエにはそうした公式的な知を平然と凌駕してしまうような、個人の〈眼〉の運動が感じられる。実は〈驚異的〉という水準を設定するかぎりにおいて、アフリカ、オセアニアとパリのシュルレアリストとは連続した場所を占めているのだ。いうまでもなくこの水準を考案し提唱したのはブルトン本人である。魔術的なるものを分有していると認識されたとき、遠い隔たりにもとに置かれていたオブジェどうしが引き寄せられ、隣どうしに並べ置かれる。思考を秩序づけていた二項対立は廃棄され、異教的なるものと実験的なるものの間に親しげな交感が行なわれる。

ブルトンはエルンストやタンギーがそうであるようには、天性の美術家ではなかった。彼は本質的に詩人であり散文家であって、画家たちの作品を前に鋭い批評眼を示し、芸術運動を組織することはあっても、自分が対象としている画家たちと同列に並んで美術作品を提示することには消極的であったように思われる。にもかかわらず彼は生涯を通してコラージュとデカルコマニー、フロタージュによる作品を創作し続けた。とりわけ一九五〇年代から六〇年代にかけて、つまりその晩年に発表したコラージュ作品には、興味深いものが少なからず存在する。それはきわめて個人的に実践された、〈驚異〉の創造であった。コルク板に彫刻を施した『井戸』*Le Puits*, 1959という作品がある。井戸を示す円い穴の側に蜥蜴が走っている。コルク板の作品にはほかにも、巨大な鏃にハート形を刻み込んだものや、蛸とも人間ともつかない奇怪な軟体動物が、迷路のような内面を抱えつつ、たくさんの足で歩行をしている図柄のものもある。『蝶の祝辞』*Papillon-Compliment*, 1961という作品がある。一枚の大きな白紙の上に、コンフェティのようにさまざまな極彩色の紙片を貼り付け、南国の巨大な蝶の姿を作り上げたものである。こうした作品を前にすると、その背後に作者が博物学と文化人類学の二つの領域にわたって、強い探求心を抱いていたことがおのずと判明する。『井戸』の蜥蜴には明らかに、ニューメキシコからナバホに到る旅の体験が反映されている。ブルトンの美術作品の根底に横たわっているのは、ヨーロッパからはるかに隔たった文明圏のオブジェと風物に寄せる、深い感嘆の念である。彼はそれを西洋の側へと取り込もうとしたのではなかった。それに対応するものを創造し、両者の間に見えない交感を創りだそうとしたのだ。ブルトンからもっとも遠いのは、今日の高度消費社会にあって、アジアやアフリカの異国の香りを新奇さ《ヌヴォテ》として取り込み、文化商品に仕立て上げるファッション業界だろう。

アトリエを構成している横糸の第二の系列とは、ブルトンが敬愛してやまなかった過去の作家と思想家の肖像画である。フーリエとボードレール、それにアルフレッド・ジャリを描いた小さな油彩が、壁面に目立たぬ形で展示されている。それはドイツ占領下のヴィシー政権時にあって刊行を禁じられた『黒いユーモア選集』のラインナップに通じる、シュルレアリスムの守護神たちの映像でもある。この系列は、アトリエの蒐集品のなかに微妙な奥行きを与えている。その貪欲な美学的好奇心は、黒いアフリカからニューギニアへ、メキシコへと、空間的に拡大を続けてやまなかったが、その一方で、ヨーロッパの中世から近代のなかに自分の探求の先駆者を求めてやまなかった。

ブルトンはベルエポックのパリで支配的であったブルジョワジーの美学世界観とカトリシズムに対し、生涯にわたって強い反発の姿勢を崩さなかった。しかしその一方で、アイルランドで反植民地主義の匿名パンフレットを著したスウィフトから、文明の進歩という観念に呪詛を唱え続けたボードレールの道徳意識にいたるまで、周縁的な芸術家たちのなかにシュルレアリスムの先駆者の姿を読み取り、彼らへの称賛を惜しまなかった。長い間の憧れであった北米の先住民、ホピとズニの集落を訪れ、アメリカ資本主義体制下における彼らの生活の貧しさと、その造形芸術の創造性の対照に深く心を動かされたとき、彼が執筆したのは『シャルル・フーリエに寄せる頌《オード》』であった。ひとたび驚異が心に満ちたとき、ブルトンの思念は軽々と時空を超え、フーリエの奇怪なユートピア学へと向かう。だがこうした系列のオブジェのなかには、キリスト教とマルクス主義を連想させるものはひとつとして存在しない。二〇世紀前半のフランスに生きた前衛主義者にとって前者は宿敵であり、後者は失望と離反をめぐって苦い後悔しかもたらさなかった。この二つの強靭なイデオロギーは、ブルトンの幸福な楽園から注意深く排除されている。

ブルトンのアトリエを構成している最後の系列、そして注意深く眺めないかぎり、つい見落としてしまいかねない映像の系列とは、彼の個人的な幸福に由来するものである。いかにもベルエポックの貴公子然とした服装の、幼年時代の写真。幼いオーブを片手で抱き上げている写真。三人目の妻エルザのクローズアップの写真。ブルトンの生涯にあってもっとも幸福であった時期を語る映像が、数としてはきわめて少なくはあっても、異郷の密林のようなオブジェのなかにそっと並べられている。ブルトンの著作に少しでも接近したことのある人なら、愛娘に向かって彼が三〇年近くにわたって書き続けた手紙のなかにこうした映像が紛れ込んでいることに気付くだろう。このアトリエとは、ブルトンと複数の(つねに複数の)女たちとの親密さの空間なのだ。

ブルトンのアトリエはこうして二筋の縦糸と三筋の横糸から構成され、それぞれが複雑に絡み合い、熱帯の原生樹林のような呈をなしている。その一つひとつに細かな註釈を施していけば厖大な頁数をもった書物が生れるであろうし、それはそのままアンドレ・ブルトンの美学的ならびに個人的評伝となることだろう。「シュルレアリスムの触れたものすべてが統合された」と、ベンヤミンは一九二九年の時点で書き付けた(彼が同年に刊行された『第二宣言』を読んでいたかは、微妙な問題である)。アトリエに陳列されているオブジェの数々は、短くない歳月の後に、まさにこの言葉が正しかったことを証明してみせた。

ブルトンは『シュルレアリスム宣言』(『第一宣言』)の本文にあって、声高く旧時代のブルジョワ芸術の一掃を宣言した。そして現実を越えた幻想の圧倒的優位を説いたのち、ふと思いついたかのように短い註釈を書き加える。

「幻想のなかにあるすばらしいところ、それはもはや幻想がなく、すべてがただ現実しかないということである。」

ブルトンのアトリエが見る者を圧倒するのは、まさしくこの言葉がそこで実現されているからである。すべてが眼前に現実として現象しているという事実を越えて、はたして世界に超現実なるものが存在しうるのだろうか。シュルレアリスムを説いたこの人物にとってもっとも重要な言葉とは「現実」réel であるように思われるのは、そのためである。

シュルレアリスムには、芸術的前衛としてのあらゆる必要条件が備わっていた。彼らはまず行動に訴えた。いくたびにもわたって宣言を行ない、機関誌を刊行し、公序良俗を震撼させるスキャンダルを厭わなかった。すべての既成美学を拒絶し、世界にタブララサ（白紙還元）を宣告したいという強い衝動に駆られていた。彼らは党派を結成し、厳密なる敵対主義を採用した。敵とはまず前世期のブルジョワ文化であり、カトリックの信仰であり、無知蒙昧な大衆であった。大衆から安易に理解され容認されてしまうことを、彼らはもっとも怖れた。この実体なき貴族趣味は、シュルレアリストの理論的テクストを必要以上に難解なものに仕立て上げた。『第二宣言』の読みにくさは尋常のものではない。シュルレアリスムはボードレールのいう、万物に対する瞬時の陶酔感の実行者であったが、同時に自己破壊への衝動にも深く囚われていた。ロートレアモンをめぐる偏愛に、それはもっとも的確に表現されている。彼らを突き動かしていたのは世界を原初の無垢な状態へと回帰せしめたいという欲望であり、このユートピア主義が幼年時代の至福という観念と結合したとき、あまたの小説を差し置いて、エミリ・ブロンテの『嵐が丘』が特権的に讃美されることとなった。

一九一〇年代の中ごろに胎動を開始したシュルレアリスムだけがあまたの前衛運動のなかでなぜかくも長い生命を保ち、百年後の現在においてもなぜ取沙汰されるのだろうか。それはひとえに、ブルトンという人物の強烈な個性と才能に関わる問題である。彼は単に霊感を受けた詩人であり、手に触れるもののすべてを統合してやまない博物学者であったばかりではない。ここにわたしが列挙したような、前衛が前衛として成立するための あらゆる条件をみごとに体現し、一貫して運動を組織し先導してきた。党派の無謬性を維持するためには粛清が必要とされた。彼は盟友のアラゴンを追放し、バタイユを批判し、商業主義に堕したという理由からエルンストさえも破門した。最晩年のことであったが、パトリック・ワルドベルグがシュルレアリスムの回顧展を企画したときには、

「何人もシュルレアリスムの決算書を執筆することは許されない」と怒りをもって宣言し、それに対抗して「絶対の距離」という名の下に最後の国際シュルレアリスム展を開催した。彼は離反者を許さなかった。

シュルレアリスムは流派《エコール》としての継承と伝道の道を採らず、静止した古典的伝統となることに抗ったが、その一方で純粋主義のため、際限のない分派活動の源泉となった。皮肉なことに、この点でブルトンは、彼が蛇蝎のように忌み嫌った二大イデオロギーの頭目であるローマ法王とスターリンに奇妙に似ていなくもない。わたしは長い間、自分の恋人やサン・ジャックの塔についてかくも天上的な美しさをもった詩篇を綴り、「いかなるものよりもむしろ人生を」と熱情に満ちた連禱を口にする詩人が、その裏側で旧約聖書の老いたる神のように、身近な戦友に向かって平然と粛清と追放を宣告する政治家であることを理解できないでいた。もっとも今ではこの相反する二重性が、党派性を断固として持続させるために、いかなる前衛運動であっても実行を迫られる宿命であったと理解している。ブルトンは肉体を脱離して純粋の愛を求めるあまり、不純なるもの、原理から逸脱してユートピアの秩序を攪拌させる雑音（ノイズ）に耐えることができなかったのだ。天上のユートピアの寛容さを説く者がえてして地上では不寛容であるという逆裡の例を、美学の歴史はいくらでも教えてくれる。

若き日のブルトンは大衆に安易に受け入れられることに極力警戒しなければならなかったが、最晩年にはしだいにその兆候を現わしてきた消費社会そのものを敵と見なさなければならなかった。ポストモダンと呼ばれる状態は、おそらく彼を窒息させたことだろう。ブニュエルの自伝的回想によれば、晩年のブルトンはもはや『黄金時代』が引き起こしたようなスキャンダルが地上から消滅してしまったことに、悲観的な印象を抱いていた。もはや群衆の前で「ドイツ万歳!」と叫ぼうが、ピストルを連射しようが、誰も気に留めない社会が到来しようとしていたのだ。

ブルトンが逝去して半世紀を迎えた現在、それでは状況はどのように変わったのだろうか。

ナジャは美容院の名前となり、ルイ・アラゴンは地下鉄の駅名となった。ロートレアモンはブランド名となった(そして消えていった)。ブルトンが四四年にわたって住み続けたフォンテーヌ街は、今ではマッサージパーラーとネイルサロンの林立する地区となり、わずかに猫の額のごとき空地に「アンドレ・ブルトン広場」という標識が立てられているのが傷ましく思われる。

ブルトンが消滅を嘆いたスキャンダルはきわめて呪われた形で復活し、暴力的な相貌を露わにしている。人はイスラム教を戯画化すれば、たちどころにその傷ましき主人公となることができる。ロベール・デスノスが一次大戦の終結直後にとった奇怪なパフォーマンスは、ヘイトスピーチの渦のなかで揉みくちゃにされ、彼がテロリストの嫌疑を受けて警察に連行されるところで幕となるだろう。ところが皮肉なことに、ブルトンが敵対し、それが原因でアラゴンとの友情を放棄せざるをえなかったソ連共産党の威信は下落し、もはや共産主義への憧憬そのものが歴史的な烙印を押されている。現在の消費社会とは凡庸さの楽園であり、そこでは美学的な選良による先導など、時代錯誤の夢想として一蹴されてしまうだろう。

だがその一方で、シュルレアリスムが感情の常数としてきた陶酔と現実世界からの離脱が、より広い文化的文脈のなかで認識されようとしていることも事実である。数年前にはフランスの国民的文学者ともいうべきヴィクトル・ユゴーが、そのポエジーと絵画において、いかにシュルレアリスムと近いところに位置しているかをめぐって書物が刊行された。この原稿を書いているわたしの手元には、シリア出身の亡命詩人アドニスの手になる『スーフィスムとシュルレアリスム』という書物が数日前に届けられたばかりだ。無神論を前提とするシュルレアリスムと、神への絶対的帰依を説くイスラム神秘主義とを並置することに抵抗を感じる向きもあるかもしれないが、この書物を一読したわたしは、あらゆる二項対立から脱却したところに出現する至高点の追求という行為において、また愛の絶対性において、また意識と理性を相対化したときに初めて到達できるエクリチュールのあり方において、この二つの立場がいかに類似しているかを教えられた。いずれ両者をめぐって専門的な知識を備えているフランス文学研究者が、この書物を鋭意翻訳してくださる日を待ちたいと思う。

ブルトンが宣言と粛清とを繰り返して運動の純粋性を護持しようとし、その決算書を何人にも書かせようとしなかったにもかかわらず、「シュルレアリスム」という運動は、彼が想像もしていなかった場所に散種され、予期もしなかった結実を果たしている。昨年の一〇月、わたしが参加した「台湾詩歌節」（ポエットリー・フェスティヴァル）では、一九三〇年代初頭に台湾の詩人たちが起こした「超現実主義運動」をめぐってシンポジウムが開催されていた。わたしはその席上で、当時の日本の自由詩における実験運動について発言を求められた。

日本の植民地統治下にあって、台湾の楊熾昌（一九〇八—九四）と林永修（一九一四—四三）という二人の青年が東京の文化学院と慶應義塾大学英文科に学び、西脇順三郎の薫陶を受けていたことを、わたしははじめて知った。彼らは帰台するや、ただちに「風車詩社」なる結社を築き、「超現実主義」の名の下に日本語で詩作を開始していたのである。

林永修は『三田文学』の寄稿者でもあった。おりしもブルトンがメキシコシティーのコヨヤカンでトロツキーと共同声明を発していた時期のことである。台湾側での文学的検証への熱意はただごとではなく、わたしがシンポジウムに席をつらねたときには、この運動をめぐってドキュメンタリー映画が製作されようとしていた。

もしブルトンが台湾の前衛詩人たちの運動を聞きつけていたとしたら、どうだっただろうか。日本の瀧口修造は戦後になってパリを訪問し、ブルトンとの邂逅を果たすことができたが、台湾の二人の青年のうち、林は戦時中に夭折。残る楊は国民党支配下に起きた二二八事件で逮捕連行され、以後の生涯を沈黙のままに生きた。運動は挫折を余儀なくされた。

ブルトンの『第一宣言』が中国語に翻訳されたのは一九六〇年代の中ごろであった。もっとも最晩年のブルトンがそれを確認できていたかは詳らかではない。残念である。というのも現在再現されている彼のアトリエには、オセアニアの文物は膨大にあっても、日本や台湾、中国といった東アジアの仮面や民芸品がまったく存在していないからだ。台湾での前衛詩運動がシュルレアリスム運動史のなかで認知され、その文学的意義が顕彰されるのはいつのことだろうか。

ブルーノ・シュルツ

人形の苦痛が、あんたたちには予感できるだろうか。自分がなぜそうなっているのか、むりやり押しつけられたパロディーの形のままでなぜいなければならないのか、人形はその理由を知らない、そういう声のない苦悩、物質のなかに囚われ、閉じ込められている苦悩、それが感じ取れるか。(………)あんたたちは、むしろ泣くがよい、囚われの物質、虐げられた物質のみじめさを目にしたら、それを自分の運命と見なして泣くことだ、あれは知らないのだから………自分がだれなのか、何のためにそうであるのか、永久に与えられたその身振りがどこへ導くものなのかを。

(工藤幸雄訳)

シアターχにポーランドの劇団がやって来て、ブルーノ・シュルツに材を得た芝居が演じられるという。この報せを聞いただけで、わたしは強い期待感を抱いた。

まだ学生時代のことであったが、シュルツが書いた『マネキン人形の哲学』を読んで、深い感動に襲われたことがあった。エピグラムに引いたのは、その一節である。ウクライナの小さな町に生まれ、生涯をその地で中学教師としてすごしたこの人物の説く真摯な問いかけに、自分という存在の根拠そのものが審問にかけられているような眩暈を感じたのである。

人間はどうして人形を作るのか。それは自分を創造した造物主に対する恐怖と屈辱から逃れたいためだ。だが至上の存在である神に太刀打ちできる術など、あるはずがない。人間が作った人形は、かならずより程度の低い、劣悪な似姿で終わるだろう。だがもしその人形が自己意識をもったとすれば、自分を創造した者をどう考えるだろうか。こう書きながら、わたしは自分のことを振り返ってみる。

今これを書いているわたしの指、わたしの腕、そしてわたしの顔は、なぜこのようであるのか。どうして他の形態をとることがなかったのだろうか。もしわたしが人形であったとしたら、わたしの今ある姿を決定した造物主に対して、どのような感情を抱くだろうか。それは愛なのか、憎悪なのか。シュルツの説く哲学が、彼と母語をともにするポーランドの美術家、ハンス・ベルメールを想起させるのは、創造行為をめぐるこのグロテスクなヴィジョンゆえである。

シアターχの上演演目を眺めていると、あたかも季節の変わり目を告げるかのように、ポーランドの前衛文学と戯曲が取り上げられていることがわかる。一九九六年にはゴンブロヴィッチの『王女イヴォナ』が、二〇〇二年には同じシュルツ原作による『クレプシドラ・サナトリウム』が舞台にあげられている。「この芝居の舞台はどこでもない、つまりポーランドだ」と、二〇世紀の初頭に『ユビュ王』のアルフレッド・ジャリは説いている。今回、シュルツのマネキン人形論に霊感を得た劇団が、どのような舞台を開示してくれるのか、わたしは楽しみにしている。

デュシャン

　こないだしばらくパリでブラブラしていたとき、サン・ジェルマン・デ・プレの書店のショウウィンドウに『トランクの箱』が陳列してあるのを見つけた。といっても一九三四年にデュシャンがごく少部数だけ製作した『グリーン・ボックス』の本物ではない。どうやらつい最近に製作されたレプリカのようだ。本来はガラス製であったミニチュアのオブジェは、すべてプラスティックで代用されている。それが書店の側を通るたびに気になってしかたがない。帰国寸前になって思い切って店に入り、主人と話してみると、一〇部ほど引き取ったのだが、ほとんどは予約で売れてしまった。ここに陳列しているのが最後の一部だという。そういわれてみるとますます気になってしかたがない。一日思案したあげくに、清水の舞台から、いや、成層圏から飛び降りたつもりで、エイヤッと買ってしまった。

　もっとも買ったのはよかったが、帰国のさいにどうやって持ち帰るかまでは考えていなかった。毀れものが多いから、空港で預けてしまうのは考えものである。だからといって、機内手荷物として持ち込もうとすると、荷物チェックのときに面倒が起きないともかぎらない。時限爆弾ではないかと疑われる可能性だって、ないわけではない。収納されているオブジェや図版はまことにいかがわしく、常人には理解困難なものばかりだ。男性用小便器やら、パリの空気が五〇cc入っただけの点滴器具（つまり中身は空っぽ）やら、セルロイドにびっしりと描かれた、何やら不可思議な組み合わせ器械の絵のことを、いったいどう説明すればいいというのか。

それでも苦心しただけあって、『トランクの箱』は持ち帰ることができた。自宅の書斎で箱の中身をすべて出してみると、まことに愉しい。知的遊戯の対象としては、かなり精密かつ繊細に造られている。ミニチュアの一つひとつが興味深いことはいうまでもないが、芸術家としての自分の全仕事を、小さな緑色の箱の内側に閉じ込めてみせようとするデュシャンの思いつき自体が、とてつもない発想のように思えてくる。なにしろ、二次大戦が終わってこのかた、芸術など何一つ作っていませんと涼しげな顔をし、チェスばかりしていると周囲に思わせながら、この人物、大変な作品をこっそり制作していた。両足を開いた全裸の少女を扉の穴から覗き見るという、けしからんオブジェのことである。『トランクの箱』のなかのミニチュアは、どれ一つを取ったとしても一筋縄ではいかない。

若い頃に描いた父親の肖像画の複製が入っている。これは一応納得がいく。だがそれを捲ると、モンテ・カルロのルーレットのための五〇〇フランの特別高級チップが入っている。もちろん実際には使用できない。デュシャンの顔が描かれているからだ。次に彼が歯医者のために切った小切手の巨大なコピー。手書きの領収書。マン・レイが撮影した、床にうっすらと積もった埃の上に描かれた線描画の写真。入歯らしきものの拡大写真まである。いったいどうしてそんなものが……とついつい思ってしまうものばかりだ。

レオナルド・ダ・ヴィンチの『モナリザ』の小さな複製画が一枚入っている。よく見ると、この美女の顔に口髭が描かれている。それだけなら子供の悪戯書きと変わりがないのだが、デュシャンはそれに、「L. H. O. O. Q」という題名をつけた。フランス語で読むと、エラッショオキュ、つまり「彼女の尻は熱い」という意味になる。これを展覧会に出品したところ、カンカンになって怒った人がいた。するとデュシャンは今度は髭のないモナリザ、つまりレオナルドの絵画のそのままの複製を出品し、『髭を剃ったL. H. O. O. Q』と名付けてみせた。まったく懲りていない。

そんなデュシャンは『トランクの箱』とともに、自身の作品を再編する意図をもった『グリーン・ボックス』を残している。これには本来、大作『大ガラス』、正確にいうと

『彼女の独身者たちによって裸にされた花嫁、さえも』の制作をめぐる、こと細かなメモとデッサンとが収められていた。それを読み解かないかぎり、『大ガラス』は理解できない。いやむしろ、『グリーン・ボックス』の中身を現実化したものが『大ガラス』であるといった方がいいかもしれない。メモの大部分は瀧口修造によって、『マルセル・デュシャン語録』として日本語に翻訳(みすず書房版全集第三巻)されているから、読むことは困難ではない。もっともあまりに言語遊戯の度合いが激しいので、瀧口大人ですらどうやら完全には翻訳できなかったようだ。ちょっと短めのものを、例として引いてみる。

「不愉快な腹部の毛皮。」「卵巣は終夜営業。」「貧血症の映画。」「御家庭に配達いたします。/ 飼い馴らされた蚊(半貯蔵品)。」「ニンフは幼な馴染み。」

フランス語の原語を細かく説明する紙数がないのが残念なのだが、こうした謎めいたアフォリスムの多くは駄洒落かアナグラムである。そういえばデュシャンは生涯にわたり、『大ガラス』の原題にある「花嫁」と「独身者たち」という言葉に拘ったが、これもフランス語では Mariée と Célibataires であり、両者が結合すると Marcel、つまりデュシャンの名前になるように仕組まれている。

美術史のなかでは、デュシャンはダダイスムからシュルレアリスムを生きた芸術家であるとされてきた。ともに一九世紀のベル・エポックの美学をブルジョワ的だとして拒絶し、偶然と無意識による破壊を新しい芸術の指標としたことで知られている運動である。だがここで忘れてはならないのは、この二つの前衛運動の背後に言語遊戯への深い欲望が隠されていることだろう。一九一六年、つまり今からほぼ一世紀前、チューリッヒのカバレット・ヴォルテールでフーゴー・バルが、ボール紙で造られたロボットのような衣装を身に着け自作の詩を朗読したとき、聴衆たちの間には大きな動揺が走った。それは意味という意味を完全に排除し、純粋に音響からなる「言語」の連なりだった。この瞬間に二〇世紀の芸術は開始されたのである。

デュシャンのすべての作品の根源にある言語遊戯は、ダダイスムに端を発している。芸術とは感性的に受容される次元を越えたものであり、高度な知的認識とその錯乱を目的とするという教えを、彼は生涯をかけて実践したのであった。

『トランクの箱』は開くたびに違った表情を見せてくれる。当分は書斎の床に中身を拡げておくことにしよう。思いがけない着想がそこから立ち現れてくるかもしれない。

ロルカ／ゴリホフのオペラを観て

アンダルシアを行くことは、いくえにも重なった文化の記憶を横切っていくことに他ならない。とりわけわたしのように、長きにわたってモロッコに魅惑されてきた者にとって、トレドから南下し、コルドバ、グラナダへと到る行程は、海峡の向こうに控えているモロッコへの既視感に満ち、アラブの香りがしだいに強まり、やがて噎せ返るまでになるのを確認する旅である。その証拠に現在においてアンダルシアの古典音楽を正統的に継承しているのは、モロッコは古都フェズのモロッコ王立楽団である。

スペインにイスラム帝国の軍が最初に進んだのが七一一年。それ以来イベリア半島では、後ウマイヤ王朝のもとにイスラム文化が大きく花開いた。グラナダを中心とするアンダルシアでは、レコンキスタ運動が最終的に完了する一五世紀末まで、七世紀にわたってイスラムの科学と哲学が殷賑をきわめた。イスラムの側からすればヨーロッパ文化が、コルドバとシチリアの文化の発展的拡大と定義されるのも不思議ではない。

イスラム社会を特徴づけてきたのは宗教的寛容であった。イスラム教徒のみならず、キリスト教徒もユダヤ教徒もひとしく対等に扱われ、三者による神学的対話がしきりと行われた。ユダヤ教のラビは詩こそヘブライ語で書いたものの、散文は平然とアラビア語で執筆した。トレドにはマラケッシュと同じ様式をもったモスクの尖塔《ミナレット》が建設され、カトリック教会とシナゴーグが平然と同じ城壁の内に設けられていた。こうした長期にわたる文化的混淆の痕跡は、その後のスペインが異端審問を国是とする厳格なカトリック国家へと変容した後にも、アンダルシアのいたるところに残存している。優雅な噴水と中庭をもった建築ばかりではない。蜂蜜をふんだんに用いたさまざまな菓子がそうであり、道をゆく人々の黒い髪と強い眉がそうだ。われわれが無邪気にスペインのものと信じてきた文化のどれだけ多くが中世アラビア文化に負っているかは、『ドン・キホーテ』という書物のオリジナル原稿が(その語り手を信じるならば)そもそもアラビア語で記されたという設定からも、充分に想像できる。アンダルシアに文化の豊饒をもたらし、中世以降のヨーロッパの文化的発展を準備せしめたのは、バグダッドからコルドバに到る広大なアラビア文化の拡がりである。そしてフェデリコ・ガルシア・ロルカこそは、こうした文化的多層性のなかから躍り出てきた、二〇世紀の寵児であった。

アルゼンチンで生まれた作曲家、オズバルド・ゴリホフのことを意識するようになったのは、二〇〇四年に発表された《*AYRE*》という小曲集のCDが切っ掛けである。中世スペイン語でアリア、つまり歌曲を意味するこの作品集には、スファラディーム（地中海岸のユダヤ人）の子守唄から中近東のアラブ系キリスト教徒の復活祭の讃美歌まで、中世から現代にいたる地中海地域での民衆歌謡のことごとくが集められている。興味深い選曲だが、そこでおやっと思ったのが、一曲だけ、マフムード・ダルウィーシュの詩を取り上げ、そこに中世アンダルシアのヘブライ語詩人、イェフダ・ハレヴィの詩を絡ませて、ソプラノ歌手ドーン・アップショウに朗誦／歌唱させていることだった。伴奏は「アンダルシアの犬」という音楽集団であると、CDには記されている。これもブニュエル研究家であるわたしには聞き捨てならない。

ダルウィーシュはパレスチナの詩人で、思想家エドワード・サイードにつねに霊感を与えてきた人物である。日本ではほとんど紹介されていないため、わたしが蛮勇を振るって一冊のアンソロジーを編訳してみたが、惜しくも数年前、パレスチナの解放を見ずして逝去した。生涯をかけてイスラエル国家に抵抗し、たびたび投獄の憂き目に遭ってきたこの詩人に向かって、ゴリホフは、一二世紀トレドに生きたユダヤ哲学の詩人の像を重ね合わせてみせた。救済の期待を歌う二筋の声を共鳴させるこの試みに、わたしは、東欧系ユダヤ人の裔として生まれたゴリホフが抱え持つ真摯な問題意識を垣間見たような印象を持った。けっこうやるじゃないかと思ったのである。

その後、『マルコ受難曲』を新たに作曲するにあたってキューバ音楽を大きく取り入れたという風評を聞くにつれ、わたしはいっそうこの作曲家に興味を誘《そそ》られることになった。アルゼンチン生まれのユダヤ人音楽家というと、誰でもが著名なダニエル・バレイボイムを連想するだろうが、わたしの印象は少し違う。ゴリホフはバレンボイムのようなゲルマン的崇高さとは無縁で、むしろカルロス・ダレッシオのように、頽唐一歩手前の甘美さを携えた作曲家ではないだろうか。漠然とそう考えていたところで、日生劇場で彼の最初のオペラ『アイナダマール』の公演が一一月に行われるという情報を摑んだ。主題は詩人ロルカの愛と虐殺である。やはりアンダルシアなのだ。わたしはこの文化的寛容の地でスペイン内戦下になされた不寛容な死に思いを馳せながら、公演を待ち望んだ。ちなみにアイナダマールとはアラビア語で「涙の泉」を意味し、一九三六年にロルカが銃殺された場所の名前である。

ロルカのあまりに悲惨な死は、スペインでフランコ政権が倒れて以来、ただちに世界的に注目されることになった。ハリウッドがアメリカ人の手になるルポタージュに想を得、陳腐なメロドラマ映画を製作したあたりは序の口である。カルロス・サウラに到っては、若きロルカが秘境探検に出かけ、未来を告げるソロモン王の卓台を発見、おのれの虐殺の宿命を知るという、『レイダース』紛いの冒険映画まで撮っている。ロルカとは現在スペインの文化観光産業において、きわめてチープな文化商品と化してしまった。

ゴリホフによる三景のオペラ『アイナダマール』は、その意味できわめて複雑な構造を持った作品である。ここではロルカの悲劇は直接には語られず、彼の最初の戯曲を演じた女優マルガリータの回想のなかに、あえやかな幻影として出現するばかりだ。脚本を担当したのは『M・バタフライ』のデイヴィッド・ヘンリー・ウォンで、ゴリホフはそれを受けて、隆々たる体格をしたロルカを役の上でメゾソプラノの女性に演じさせた。ちなみにわたしが一一月一六日に日生劇場で観た舞台では、きわめて華奢な容姿をもった向野由美子が男装し、まるで「風の又三郎」か「星の王子様」のように、健気にゲイの詩人を演じていた。

舞台はロルカが虐殺されて三三年後の一九六九年。スペインから遠く離れたウルグアイの首都モンテビデオの劇場で、久方ぶりにロルカの処女戯曲『マリアナ・ピネーダ』が演じられようとしている。今は老いさらばえたかつての主演女優マルガリータが、舞台のわきでそれを眺めている。彼女はかつてフランコ軍の攻勢に脅威を感じ、ロルカを連れてハバナへと亡命する計画を立てていた。ロルカはそれを拒絶し、半裸の男たちの舞踏に身を任せ、内戦のさなか銃殺されてしまう。マルガリータは失意のうちにアルゼンチンに亡命、歳月は彼女を押しも押されぬ大女優に仕立て上げた。にもかかわらず心の傷は癒されず、彼女は深い悔悟の日々を過ごしている。そして今夜、ロルカ劇の再演を目の当たりにして、本人の幻が出現する。

マリアナ・ピエーダとは一九世紀にグラナダで政治的自由を唱え、処刑されてしまった女性である。ロルカは幼少時より彼女の彫像にピグマリオン・コンプレックス（人形愛）を抱いており、あらゆる女性の原型とひとたび信じた。マルガリータが舞台でマリアナ役を初演したとき、これまでにない強い至福感を体験した。運命の偶然からロルカはその後、マリアナを追うかのように、フランコ兵によって処刑された。そこでマルガリータは、マリアナをふたたび演じ、情熱と後悔を後続の者に委ねることを通して、ロルカにより接近し同一化しようと求める。こうした錯綜した情熱の諸相を取り囲んでいるのが、ギリシャ悲劇のコロスにも匹敵する十数人の少女たちである。彼女たちは向日葵に似た花冠を被り、豪奢な典礼劇の人物たちのように現われる。と思うと、ロルカの別の戯曲『ベルナルダ・アルバの家』の娘たちのように、忍従と沈黙を示す黒衣のみで現れたり、さまざまな変化を重ねながら、ロルカの虐殺という「グラナダに起きた、何という悲しい日」の悲嘆を呪術的に繰り返す。もしマルガリータがロルカの鎮魂を司る大司祭であるとすれば、少女たちはその配下の巫女たちといえるかもしれない。この衣装と舞台美術は際立っている。

さて先に、「アイナダマール」という語が「涙の泉」を意味するアラビア語であると書いたが、舞台を主題的に統合しているのは、この一語に喚起された泉の映像である。この作品はロルカの『ジプシー歌集』に繰り返し登場する、水しぶきを立てながら疾走していく馬の音と映像から語り起こされている。マルガリータは清冽なる流れを映した青衣を身に纏い、岩場に細々と流れる水の前に佇みながら出現する。ロルカが逮捕され惨たらしき罵倒を受ける場面では直後に音楽は一変し、水滴の音だけを手掛かりに、マルガリータのソプラノに導かれるようにして、少女たちの声があたかも水のなかから浮かび上がるかのように出現する。枯れ果てた不毛の地でなされる処刑は、こうして女性たちの携える水の安息によって償いがなされるのだ。

わたしを恍惚とさせたのは、こうした悔恨に疼く心を鎮める水の物質的想像力もさることながら、音楽の全編にわたって見え隠れしているアンダルシア的な旋律の反復であった。第二景の中ごろ、ロルカがマルガリータとのハバナ行を拒絶し、同性愛の欲望に身を任せる直後の場面では、突然に弦楽器が高い音の壁を築き上げ、舞台は一転して濃厚な異教的雰囲気に包まれてしまう。実はわたしは、こうしたアラブ的なるものの顕現を持ち望んでいたのである。ラテン的なものとアラブ的なものが結合したとき、音楽は驚くべき甘美さに到達する。もう二〇年以上も前のことになるが、アンダルシアからモロッコへ、町から町を辿りながら旅をしていたとき、わたしが発見したのがこの真理である。

かつてル・クレジオは西サハラ旅行記のなかで、「湖は湖の数と同じだけ、聖者を隠し抱いている」という、美しい警句を口にしたことがあった。日生劇場におけるわずか二日間の公演ではあったが、『アイナダマール』がわれわれに約束してみせたのも、これに通じる真理である。これは悔恨を鎮魂へ切り替え、強い官能性のもとに記憶を継承へと導いていく、きわめてアクチュアルな音楽体験であった。

アドニス漂泊

少年は五歳のとき、もう畑に出ていた。両親は貧しい農民で、母親は文字を読むことができなかった。村にはモスクに付随したクッタブ（日本における寺小屋）があり、少年はそこで『コーラン』の素読を学んだ。シリアがまだフランスの委任統治領であった一九三〇年代、地中海に面したラタキア県の農村カッサビンでのことである。

一三歳のとき、少年はある政治家が近くの町に遊説に来るという報せを聞いた。裸足で山道を歩き、その政治家の演説を聞くと、彼を讃える自作の詩を朗誦した。政治家は少年の利発を気に入り、褒美に何が所望かと訊ねた。少年は即座に、自分を小学校に行かせてほしいと答えた。望みは叶えられ、政治家はほどなくしてシリアが共和国として独立したとき、初代大統領となった。少年は小学校を優秀な成績で終えると、名門高校に進み、苦学をしながらダマスカス大学に入学した。

いつしか彼は詩を書くようになっていた。新聞に投稿したが、いっこうに認められない。

そこで「アドニス」という筆名を考案してふたたび持ち込むと、今度は採用された。アドニスとは、夏になるといつも水が赤く濁る、レバノンの河の名前である。こうしてアリー・アフマド・サイード・アスバールは、一七歳で詩人としてデビューすることになった。

処女詩集『最初の詩』*Qassa'id'ula*（刊行は一九五七年）から二篇を引いてみよう。

分娩の痛み

誰のために夜明けはわたしの眼の窓を開くのか
誰のためにわたしの肋《あばら》の間の道を輝かせるのか？
なぜ死はわたしに脈打ち
わたしの生命を毎秒の羽挙《はばたき》に結びつけるのか？
自分の血が時の子宮だとわかった
唇の上で震えているのが真実の分娩であると。

巫女

わたしの額のまわりで、巫女が
香を焚き、夢に入る
眼瞼《まぶた》は星のようだ。

時代を越えて見る人よ、なにか
生れたばかりの神について教えてくれ。
語ってくれ、
その眼のうちに崇拝すべき何ものかがあるのかと。

これらの初期詩篇のなかには、後にアドニスを生涯にわたって捕えることになる三つの主題が見え隠れしている。具体的にいうと、それは始まりという観念と、不在と期待という状態、血と傷というイマージュである。それらは後に結合し、自伝的な経緯と絡まりながら、離散、追放、流謫という主題系列を築き上げていくことだろう。

一九五六年、アドニスは政教分離を唱える政党に加盟した廉で、一年の獄中生活を強いられる。釈放されるやただちに隣国レバノンに逃れ、ベイルートの聖ジョセフ大学でアラブの古典文学を専攻、博士号を受けた。その後はパリに移り、詩作に没頭。ユネスコの職員として活計《たずき》を得る一方で、アラビア語の文芸雑誌を創刊し、亡命詩人たちに発表の場を与えた。もはや政治に携わることはなかった。レバノン大学、ダマスカス大学からパリ第三大学、プリンストン大学と、さまざまな場所で教鞭を執り、八五歳の現在にいたるまでに二十数冊の詩集と一三冊の批評論集、また数冊の対話集を刊行している。アラブ現代詩の改革者として活躍する一方で、イヴ・ボンヌフォワやサン＝ジョン・ペルスをアラビア語に翻訳した。本人は片手間のコラージュだと謙遜する絵画作品は、ポンピドゥー・センターで大規模な回顧展の対象となっている。ちなみにその時、分厚いカタログには吉増剛造がエッセイを寄せている。アラビア語で執筆された詩作品はただちにフランス語や英語に翻訳され、彼に数多くの受賞の栄光を与えてきた。もっとも日本語には四〇年ほど前に数編の短い詩がアンソロジーに収録されたことはあるが、原典からの単著の翻訳はない。残念ながら、彼は日本ではまったく無名といってもいいだろう。

アドニスの詩を特徴づけているものの一つは、まだ実現されていないもの、到来していないものへの期待である。『ダマスカスのミヒャールの唄』*Ughniyat Mihyar al-Damashqi*,（一九六一）から、一篇を紹介してみよう。

星にあらず

星にあらず、預言者の霊感でも
月を崇拝する敬虔な顔にもあらず、
さああの方がやって来られる、異教の槍のように
アルファベットの地を侵略し
血を流すと、それを太陽に掲げ。
さああの方が来られる、石の裸を身に纏い
洞窟にむかって祈りを重ねながら。

さああの方が来られる
軽やかに大地を抱きしめて。

「あの方」とは誰だろうか。アドニスはけっしてそれが究極の預言者であるムハンマドであるとは口にしない。一神教の絶対性のもとにポエジーを収斂させることを、彼が詩人として回避する。到来が期待される人物とはノアであり、アダムである。またオデュッセウスであり、オルフェウスでもある。アドニスはこうした一連の詩篇を通して、アラブ近代詩に革命をもたらした。それは長らく『コーラン』の神聖言語とされてきたアラビア語のなかに、ギリシャ・ローマの神話性を導入し、ユダヤ教、キリスト教、イスラム教と継承されてきた神話的遺産との結合を遂げさせることであった。二〇世紀のフランス詩の成果がさらにそこに投じられる。詩は執筆されるならばつねに複数形として執筆されなければならないという確信が生れたのは、こうした詩的実践においてであった。

彼は書く。「わたしの国は未完成、わたしの魂は遠くにある、わたしには何ものもない。」

アドニスに会ってみないか。

台湾の鴻鴻《ホンホン》から突然メイルが到来したのは、昨年の春のことだった。鴻鴻はかつてエドワード・ヤンの『牯嶺街少年殺人事件』の脚本に関わり、その後はパゾリーニやファスビンダーの芝居を演出している現代詩人である。秋口に台北でポエットリー・フェスティヴァルを行ない、パゾリーニについて共同討議を開催するから、ぜひ参加してほしい、ついては特別ゲストとしてアドニスがパリから来るから、彼とも話してほしいといってくる。中国語圏では彼の詩集は二冊、北京外国語大学の蔡慶國教授が翻訳したものが香港オックスフォード出版から刊行されているため、その名前はかなり知られているらしい。

これはわたしには驚きであった。毎年ノーベル文学賞候補に挙げられている詩人だとはいえ、アドニスは八五歳の高齢である。そんなに気楽に呼びかけて大丈夫なのかと一瞬ではあるが思ったが、鴻鴻は立法院に立て籠もる学生たちを鼓舞する詩集を刊行したばかりで意気揚々である。アドニスは数年前にアルメニアを訪れ、遠くに聳えるアララト山に呼びかけた。さらに続いて上海から杭州へと旅行し、その時の印象を纏めた長編詩『われを両腕で抱きたまえ、混沌よ』（メルキュール・ドゥ・フランス）を刊行したばかりなのだ。つい最近までは、シリアの片田舎に住む一〇七歳の母親と国際電話で話をし、戦争が終ったら早く故郷の家に戻っておいでといわれたという。

というわけで一〇月、わたしはかねてから敬愛していたアドニスと会うことができた。というより、より正確にいえば、彼と公開対談を行ない、その後で四時間にわたって、あらかじめフランス語で準備しておいた質問に答えてもらった。アドニスはいっこうに疲れをみせず、一つひとつの問いに丁寧に応じてくれ、つい最近、自分のもっとも長大な作品『書物《アル・キターブ》』*al kitâb* の最終巻の仏訳が出たばかりだから、読んでみたまえといった。三巻をあわせて千頁に及ぶ長編詩である。
以下に読者が読まれることになるのは、このインタヴューを註釈として差し挟みながら、彼のパリ時代、つまり一九六〇年代後半以降の詩作品のいくつかを紹介するという試みである。

一九七〇年の前後から、アドニスが発表する詩はどんどん長くなってゆく。詩集『これがわたしの名前』*Hadha Huwa Ism*（一九七一）には、表題作ともう一篇、「ニューヨークの墓」の二篇しか収録されていない。前者は一九六七年にイスラエルが奇襲攻撃によってガザやヨルダン川西岸を領有した、第三次中東戦争を契機に執筆された。アラブ世界に深い衝撃を与え、現在にまで続く終末論的な雰囲気を与えたこの戦争を契機に生じた悲嘆とシニシズム、生硬なドグマ的独善から脱却するために、彼は積極的に複数の声を一篇の詩の内側に取り入れようとしている。ともあれ、その冒頭の部分を引いてみよう。

これがわたしの名前

すべての知恵を消す　それがわたしの炎
いかなる徴《しるし》も残らない――わたしの血は徴《しるし》
　　これがわたしの始まり
わたしはお前の池に入った　地がまわりで動く　お前の臓器とはナイル河、
豊かな　われらは押し流され　身を落ち着ける　お前はわたしの血と波を分けた
自分の胸を横切り　溶けてくれた　われらが始められるように。愛は

アドニス（2015、撮影著者）

夜の刃先を忘れた　洪水がもうすぐ来ると、わたし
は叫ぶのか？　始めよう。
悲鳴が城市《まち》を掠め飛ばし、人々は前進中の鏡だ　塩
が重なり合うとき
……われわれは出会う　お前は今のお前のままだ
ろうか？
――わたしの愛は傷だ
　わたしの軀《からだ》は傷に咲いた薔薇、毟りとることが
できるのは死だけだ　わたしの血は枝　葉という葉
を投げ与え、横たわりやすらう……

答えは石なのか？　あの眠っている主人、死がお前を欺いているだけではないのか？　お前の乳房、お前の子供のような顔、そんな顔を求めて　光の輪ができる……お前の？　わたしはお前を見つけられないでいる

今　消えていくのはわたしの焔だ

わたしはお前の池に入った　わたしは悲しみのもとに城市を背負う

わたしのもとでは　緑の枝が蛇に変わり、太陽が黒い恋人になった

近くに寄ってくれ、地に呪われたる者よ、お前の襤褸《ぼろ》と涙でこの歳月を覆ってくれ、

温かみを求める軀で覆ってくれ　この城市は狂気の弓だ

わたしは革命が子供たちを産むのを見た　数えきれない歌を埋めて、ここに来た

（お前はわたしの墓なのか？）　手を触らせてくれないか。ついておいで。

わたしの名前はまだ到着していない、なのに世界の墓地だけがすでに眼前にある

わたしはすべての王たちのために遺灰を背負う　手を貸してくれないか。ついておいで。

「詩というものは定義ができない。もし定義をしてしまうならば、それは詩を殺してしまうことになるだろう。」わたしを前にして、アドニスはそう語った。

『これがわたしの名前』の始まりは、わたしにスーフィズムを想起させる。スーフィズムはイスラム教の一派と見なされているが、一般的な教義とも、伝統的な慣習ともまったく異なり、個人が神との神秘的な合一を希求することによって特徴づけられている。あらゆる知恵という知恵の桎梏から解放され、何も手に携えないままに神と向かい合うこと。「全ての知恵を消す　それがわたしの炎」という一行は、神秘家としてのアドニスに基本的な姿勢を優れて示している。愛とは傷に他ならず、傷から流れ出る血が徴となって、詩が開始される。いずれ自分は『スーフィズムとシュルレアリスム』という題名の書物を書くだろうと、アドニスはいった。

「詩はすべての存在に開かれていなければならない。扉のようなものだ。人は詩を通してあらゆるものごとを書くことができるが、それをイデオロギーの道具にだけはしてはならない。人間と動物との違いとは、人間が創作をすることができるということにある。人間は人間と現実世界との間の距離を創造することができるのだ。その距離があまりに近すぎると、世界を新しいイメージのもとに作り上げることができない。言葉があらかじめ持っている意味を取り除き、新しい意味を与えることが大切なのだ。エッセイは陳述的である。けれども詩とは、自分にむかって、読者にむかって、問いを投げ出すという行為なのだ。」

アドニスはこうして、どこまでも開放系としてある詩について説明したのち、ギリシャ神話にある興味深い挿話を語った。

「〈他者〉という考えは、ギリシャ時代以前には、単に自分とは異なった存在という意味以上のものではなかった。だが、ゼウスが白い牛に変身し、カナンの地からエウロペを誘拐したときから、その意味に決定的な違いが生じた。

エウロペの姿が消えたとき、兄のカドモスは何とかして妹を探し出そうと、世界のいたるところを廻った。彼は行く先々で、その場所に住まう者たちにアルファベットを教えた。エウロペが攫われて通過した場所は、後に彼女の名前をとって、「ヨーロッパ」と呼ばれるようになった。妹を追跡していったカドモスは、ヨーロッパに文字を与えたわけなのだった。彼は自分にとって未知であった世界が、自分の妹の身体、つまり自分の一部となったことを、やがて知るようになった。この挿話は大地の審級において、〈他者〉が、〈われ〉と同じ次元となったことを物語っている。やがてカドモスの生れた東洋《オリエント》のアラブ人たちは、ギリシャ哲学を受け入れた。後に一九世紀にランボーが「われは他者である」

といったが、アラブ人はそれに千年先立って、同じことを考えていたのだ。〈他者〉とは〈われ〉を形成してくれる、重要な部分なのである。

現在のヨーロッパでは普遍主義は、異なれる者との対話交流や相互の対等なる承認であるよりも、むしろ西洋文化の単純なる一般化に向かっている。東洋は改宗を勧められている。東洋はみずからに独自の文化、つまりそのアイデンティティーと差異を消滅し、廃棄するように促されている。東洋はつねに敗れ、西洋はつねに勝利してきた。東洋的自我は大いなる挫折を迎えてしまったのだ。

西洋でも東洋と同様、人間という理念が死んでしまったかのようだ。ヨーロッパは単なる地理的な大陸になりさがった。世界は理念と交流と交換の世界であることをやめ、遮断と境界と武器の世界と化している。文化は開放でも輝きでもなくなり、病、腐敗、牢獄と化してしまった。西洋の思想家や作家は、印刷機とメディアと市場と政治の囚人となった。東洋でも同じだろう。自分たちの運命である牢獄建設の沈黙を眺めているばかりだ。

なぜ現代の西洋の政治的現実とイデオロギー、利害、急激な変化によって、世界には決定的な破局が起きないでいるのか？　それらは言葉を変えていうならば、植民地主義の別の形態ではないだろうか。」

詩はイデオロギーの道具であってはならない。こうしたアドニスの基本的な態度は、彼を同じアラビア語の詩人であるマフムード・ダルウィーシュから隔てているのではないだろうか。彼がこのパレスチナ出身の詩人のことをどう考えているかは、かつてダルウィーシュの選詩集を編み、翻訳刊行したわたしにとって、長い間知りたいと思っていたことだった。

「ダルウィーシュは社会主義を信奉していた。わたしはそれに反対はしなかったが、彼のイデオロギー的な詩には批判的だった。ところが最晩年の彼の詩はすっかり変わってしまった。イデオロギー的なところが脱落してしまったのだ。ダルウィーシュは勇気のある人間で、心臓手術をしないまま廃人になってしまうくらいなら、死を選んだ方がましだと考えるにいたった。そして困難な手術を受け、死んでいった。立派な人物だった。」

青年時に政治運動に深く関わり、入獄まで体験したアドニスは亡命の歳月のなかで、つとめて現実の政治状況に対し、超然とした姿勢をとろうと努めてきた。だがアラブをめぐる緊迫した状況は、彼にドキュメントとしての詩作を求めることになった。一九八五年に刊行された『包囲の書』*Kitab al-Hissar* は、その三年前にイスラエル軍がレバノンに侵略し、包囲されたベイルートにあって深刻な惨劇が続いたことが切っ掛けとなって執筆された詩集である。そこでは一篇の詩は、眼前に生起する映像の、すばやいモンタージュから構成されている。詩集のなかでももっとも抒情的な美しさを湛えている詩を、ここに紹介してみよう。

記憶のなかを駆けてゆく子供

バジリコの葉のアーチ、鳩のための四阿《あずまや》
窓が扉を投げつける
　風／野原　　の手に
　　椰子の葉の村と季節のインク

雷の怒りと雲の慈しみが　わたしをそこに生み落とした
その村の下着の間でわたしたちは安らい
無花果と桑の実が囁く　唇がはにかんで口にできないことを
椰子の高みでわたしの記憶は育つ。

さあ漆の刈入れだ、さあ豆だぞ………
この午後、あの甘いスパイスなしではやっていけない
………
ほら、子供が鷲を二匹抱えて
挨拶を教え込もうとしている。

椰子の高みでわたしの記憶は育つ。
スミレが裸足で来た
いいじゃないか
友だちの草が腕を貸してくれたんで、シーツを敷いて
　　　　　　　オリーヴの枝の下に日を避けた。
緑の本には風、青い本には約束
本は太陽の財布に入れておこう………
椰子の高みでわたしの記憶は育つ。
　　柳の流れ、泣いている………

魔物《ジン》が音楽を奏でているのか
それともこの枝の曲か？　ハミングしておくれ
柳よ、聞かせておくれ
わたしの顔がお前にかかって見えるように
　石の沈黙のなかで水の声を読む予告
　血が葉のうえに書きつけ
　雨が樹の枝を梳きほぐしてゆく。

わたしの記憶は
椰子の高みから転落した／
　　　　　　　　　友人たちに
平安あれ、わたしの記憶のなかを駆けてゆく少年は
今日はわたしを訪れてくれない、かつての習慣のように
わたしに打ち明けてくれない……わたしは自分の顔を
彼の鏡に引き渡した、どちらが欠けているって？
どっちが黙っていて、どっちが話しているって？　彼の
暗い唇……今でもあそこで生きているだろうか？

わたしの記憶のなかを駆けてゆく少年
傷から血が零れれば痛いが
わたしの軀は大きく強くなる
海とわたしは同じ死をわかちあう………
わたしは悲しみの雲雀、悦びの狼、
で、きみは、こんな高いところに登ったりして
きみは虹なのか、それとも新しい傷？

わたしの記憶は
椰子の高みから転落した／　　わがそっくりさんに
平安あれ、記憶の底に落ち着いた少年よ、
お前はわたしの脈から飛び出していく力なのか、火なのか？
お前に平安あれ、優しき友よ
運よく生き延び、月を新たに命名した
ときには馬、別のときは乗り手

太陽はお前に当て木をし、お前は
藁でできた家を作ったので
太陽はお前のように石蹴り遊びをした／　　もしお前がわたしに手を添えてくれたなら

それから　お前に平安あれ
わたしの記憶のなかで揺れ惑う樹樹よ、
わたしはお前の言葉なのか沈黙なのか、いかなる風がお前のもとに運んだのか
別の樹の塵埃のなかから？
　　　　　　　　　もしお前がわたしに手を差し伸べてくれたなら
水平線が、お前の眠っているヴィジョンをすべて目覚めさせ
今日日に森で起きていることを、風の記憶を、わたしに教えてくれればいいのだが
………

椰子の高みでわたしの記憶は育つ………
　恋する者の肉体はツバメの嘴で描かれるとは知らなかった

狂人だけが愛のしぐさを知るものだとも知らなかった。

星が髪をほどくのは誰のためだろう?
雑役に疲れた馬は脱殻機の床で星に出会うだろう
星の眼と手の間の道
天幕………

本当なのか?　だったら連れてってくれ
………／悲しみの池と夜の湖／　わたしたちが飛び込むと
水中の月が割れる。

そう、その通り
星々ですら葦小屋で生きる夢を見ている。

アドニスはフランス語を何不自由なく駆使し、少なからぬエッセイ集と対話集を刊行している。ラテン語にも達者で、オヴィディウスの『変身物語』をアラビア語に翻訳している。知恵を遠ざけよと説きながらも、恐るべき学識の詩人である。とはいうものの、詩を書くときにはつねにアラビア語である。彼にとってアラビア語で書くという行為は、いかなる意味をもっているのだろうか。

「『コーラン』はモハンマドが逝去してから二〇年後に作られた。それは他のいかなる言語のなかにではなく、アラビア語のなかに降臨した。この書物が絶対的な権威となり、アラビア語もまた神聖な言語と見なされることになった。千年前のアラブ人の間には、『コーラン』が人間の手になったものか、それとも天から降ってきたものかをめぐって、真剣な論争がなされていた。もっとも後世の優れた詩人たちは、『コーラン』を乗り越え、その神聖さを超えることが不可能ではないと考えた。わたしもまた、この書物の神聖さに懐疑的な態度をとってきた。わたしがアラビア語で書き続けるのは、『コーラン』の絶対性にどこまでも対抗したいと考えているからだ。」

一九九五年、アドニスは前代未聞の壮大な言語的企てに取りかかる。一〇世紀に生き、アッバース朝の詩の最高峰を極めたとされる詩人、アル・ムタナッビーに帰する原稿とその註釈という形をとって、『書物《アル・キターブ》』という作品を江湖に問うたのである。全三巻、頁数にして優に千頁にいたるこの大作には、奇しくもマラルメが構想のみで実現できなかった作品と同じ題名が与えられている。わたしの手元にあるフランス語の翻訳は、完結するのに七年がかけられ、二〇一五年になってようやく最終巻が刊行された。それはアラブの歴史を言語を通して内的に遡行し、横断するという果敢な試みであり、『コーラン』に対抗する書物を地上において実現せしめたいという、作者の長年の野心の結実であると考えることができる。

「わたしが念頭に置いたのはダンテであった。『神曲』におけるウェルギリウスのように、アル・ムタナッビーを導者とし、彼を媒介として複数の声からなるテクストを創造することを意図したのだ。もっともダンテの旅は信仰の内側で行われ、天国へと到るものであるとすれば、わたしのそれは不信心者のものであって、アラブの地獄へ垂直に降下していくものといっていいだろう。

時間的継起にそって物語を語ることは好きではなかったので、必然的に反物語的な構造となった。これもダンテとは違う。形式を最終的に確定するまで、一年の時間がかかった。その際に参考になったのは、映像と声と字幕が同時に出現するという、ベルイマンのフィルムのあり方だったといっておこう。まず一頁を四つに分割し、テクストとそれに喚起された想像的なるもの、記憶、そして時代の記録《ドキュマン》に宛がった。視線が同じ頁のなかで水平軸に移動し、旅ができるように計ったわけである。

『書物』は単一の、支配的な声からなるテクストではない。これは多声的に書かれている。わたしはいつも、始まりとは本来的に複数的であると考えてきた。だからあらゆる一神教的な発想にも、一元的な抽象化にも異を唱えてきた。存在が開始されるとき、それは二つ以上からでなければいけない。1という観念はつねに宗教的になってしまう。しかし日常生活には、1などというものは存在しないのだ。1は複数であるがゆえに、1なのである。」

『書物』は常軌を逸した試みである。その内側では時間は数多くの層に分岐し、エクリチュールは複数の形をとって、互いに絡み合い、反響しあい、註釈と相互引用を繰り返している。それは文字通り、個人の力で古典アラブ詩の集蔵体《アーカイヴ》を再創造し、『コーラン』に拮抗してアラビア語の詩的言語を多元化していこうとする、ラブレー的な試みである。アラビア語で書くということは、古典の言語と現在の言語が織りなす複数性を享受するということであり、アドニスが一九七五年に刊行した詩集の題名を借りるならば、「複数形をとった単数」Mufrad bi Sighat al Jama のうちに留まり続けることなのである。

「わたしが書いている言語は、わたしを追放する m'exiler」と、アドニスは言葉を続ける。「祖国から追放されるのではない。追放こそが祖国なのだ。「初めに言葉ありき」ではなく、始めに追放があるのだ。アラビア語で書く詩人は世界の地獄と対決するさいに、追放された場所以外のいかなる場所ももっていない。歴史のなかでアラブの詩人たちは、つねにさまざまな形で追放を体験し、また現在にいたってもそれを体験している。検閲、除名、牢獄、そして死……そのすべてがある意味で追放である。彼らは言語からも、宗教体系からも追放されたところで書き始める。

アラブの詩人にとって〈他者〉とは、はたして西洋世界だけだろうか。いや、それだけではない。〈他者〉はいたるところに遍在している。〈他者〉としての西洋は、慰安では限界となり、鎖と化してしまった。西洋ではどうだろうか。西洋は境界の内側、枠のなかで、自由に留まっている。おそらく西洋は、アラブと呼ばれる〈他者〉に出会うことを回避している。西洋はかつて想像力と必要性、関心に赴くままに探求を続けてきて、〈他者〉こそがそれに答えを与えてくれるはずだというのに、それから眼を逸らしている。逆にアラブの詩人はといえば、二重の不在を演じなければならない。みずからの不在と、〈他者〉の不在をだ。彼は内面にあっても、外見であっても、二重の追放を生きなければならない。〈われ〉と〈他者〉という、二つの地獄のことだ。詩とは始まりでなければならない。それは永遠の始まりをめぐる約束だ。しかし、二つの追放の間にあって、いったい始まりはどのように可能となるのだろうか?

わたしの眼には、アラビア語は、かつても、これからも、もとより構築がなく、構築が不可能であるような始まりを、あえて構築しようとする試みであるように思われる。」

アドニスのもっとも新しい詩集『われを腕で抱きたまえ、混沌よ』（二〇一五）は、四部から構成された長編詩である。冒頭の「ノアよ、お前はいかなる海にむかって船を進ませるのか？」は、アルメニアのエレヴァンを訪れ、現在はトルコ領であるアララト山を仰ぎ見る旅の直後に書かれた。「テームズ河のソロ・オーケストラ」はロンドン滞在、「世界の始まりは夢である」は上海から杭州にかけての旅に霊感を得て執筆された。最後にダートマス・カレッジに逗留した時に日記のように書き続けた詩的断章の数々が、詩人の長い旅の終わりを告げている。全体は二〇〇頁近い長編詩である。第二部の一部分を紹介しておこう。

炎と血の湖に投げ込まれても　真実はイヴの池で泳ぎ続ける
アダム？　とはヴィジョンの領野に、神話の山に立ちこめる霧でしかなかった
アダムの世界と寓話を解き放つのだ
すべての被造物が同じ未来をもつことは可能だろうか？

未来というものはあるのだろうか？

だが破壊された大地は何を口にするのか、
いかなる星に苦しみを訴えるのか？
わたしが生きた生は一度では終わらないだろう。
わたしの生はおそらく別の星の残響だ、わたしの歩みと言葉のうちで爆発した星の。
星よ、お前はいったい誰だ？
お前は東洋が始まるところから来たるのか、その果てからか、中心からか、
西洋の果てからか、いや、その始まりからか？
都市は電子に蒸気と酸を捏ね混ぜたスープで
わたしに憑りついて離れない
故郷のものでない夜が
眠ろうとして　雲のうえに這い上る

わたしとはその悲しみの裔なのか？
「秘密はコートの内側に隠されている、いかにして取りだせばいいのだろう？」道

に迷ったミツバチがいった。自分が生れた巣箱に戻りたいのだ。
苦しみに憑りつかれ

＊

世紀の臍のうえに額を置き、わたしを連れて行ってほしい、宇宙の戯れとその担い手の側へ、詩が向かおうとするところへ
ただ詩だけが大きく腕を拡げ、夢見る者を抱きしめようとする
もう一人の異邦人がわたしの内側にいる。お前のこと？
わたしは夢を彼の眼に、
お前の眼、永遠の詩人の光に与えた
わたしをお前のもとへ運んでほしい

炎が怖いのか？
わたしは絹が怖い、ものいわぬ糸で縛られた傷跡、わたしは薔薇に身を委ねる

二六歳で出獄して以来、ダマスカスを去ったアドニスは、ベイルートからパリへ、生涯の大半を亡命者として生きてきた。祖国シリアは目下、アサド政権と反政府勢力、それにISによって分裂し、ロシアが爆撃を続けるという、前代未聞の混乱のなかにある。故郷を追放され六〇年近く、アラビア語だけを携えて漂泊の旅を生きてきたアドニスは、みずからを巣箱に戻ろうとして果たせず、迷い続けるミツバチに喩えている。彼は自分の生を「別の星の残響」だと呼び、それが一度きりで終わるはずもないと書き付ける。そしてその一方で、彼は一二世紀のイブン・バトゥータのように、大旅行家でもある。

「旅とは自分の内面と外面を繋げてくれる方法だ。内面にあって亡命者であるわたしは、旅という外面との繋がりを通して回復する。新しい自分に到達する。旅が自分を造り上げてくれるのだといってもいいだろう。」

台北での長いインタヴューは無事に終了した。わたしと鴻鴻はボルドー・ワインの栓を抜いて、アドニスのさらなる旅の無事を祈り乾杯した。彼はエズラ・パウンドを称賛し、文化の基本は翻訳にあると、さらに言葉を続けた。翻訳とは言語の革命であるべきなのに、今では商品に成り下がってしまった。詩を翻訳できる者は、まず母国語の詩を知っている者でなければならないとも語った。わたしたちはパリでの再会を約束して別れた。

その一〇日後、横浜に戻ったわたしのもとに、北京に住む張承志からメイルが舞い込んだ。彼は回族の作家で、文化大革命の起点となる付属高校で「紅衛兵」という言葉を最初に用いた人物である。アドニスが北京に来たので、短い時間だったけど言葉を交わした。きみに会ったといっていたよと、メイルには記されていた。

そうか、彼は台北の後、まっすぐにパリに戻らず、北京にまで足を延ばしたのだ。高齢にもかかわらず、何と精力的な行動家だろう！ 驚嘆の念とともに張承志のメイルを読み終えたわたしは、机の上に積み上げられた『書物』に目をやり、茫然とした思いに駆られた。わたしはいつ、三巻からなるこの大部のテクストを読み通すことになるのだろうか。

マフムード・ダルウィーシュ覚書

マフムード・ダルウィーシュが二〇〇八年八月に他界してから、もうすぐ一〇年が経とうとしている。『蝶の印象』という二二冊目の詩集を上梓したばかりで、積年の心臓疾患を治療するためテキサスの病院で手術を受けたのが仇となった。享年六七。入獄と亡命に彩られた、文字通り波乱万丈の人生だった。アラブ諸国ではアラビア語で書く現代最大の詩人が逝去したというので大掛かりな追悼がなされたと聞いたが、日本では寡聞にして、およそ詩を書く者で彼を悼む文章を執筆した人はなかったと思う。わずかに彼が一九七〇年代にアジア・アフリカ作家会議に招かれて、アドニスとともに訪日し、広島を訪問したことについての、研究家の論考が発表されたばかりであった。来日時に、英訳を通して二人の詩篇が何篇か翻訳されたが、それ以来、まとまった形で彼らの詩業を顕彰し、翻訳紹介する作業は、日本では行なわれていない。

ダルウィーシュは幸か不幸か、イスラエルの大がかりなガザの侵攻の直前に旅立った。

もし彼がそれを耳にしていたらイスラエルに対して強烈な皮肉を口にするだろうか。それともいつも以上に悲痛な表情を示し、押し黙ったままでいるだろうか。

ダルウィーシュという名前をはじめて知ったのは、エドワード・サイードの『最後の空の下で』というエッセイ集においてである。コロンビア大学で、わたしはサイード先生の講義を受けていた。一九八八年の冬、ニューヨークでこの書物を見つけたわたしは、ただちに一読して『オリエンタリズム』の著者の痛ましい来歴を知り、亡命者にして初めてなしうる比較文学論のあり方に強い関心をもった。そのとき書物の不思議な題名が一人のパレスチナの詩人の作品に由来していることを知った。何年か経ってこの書物は『パレスチナとは何か』(島弘之訳、岩波書店)として刊行された。もっとも残念なことに訳本の表題からは、著者がダルウィーシュの詩に寄せた共感は消えうせていたが。

ダルウィーシュは書いている。

大地がわれわれを圧迫して、とうとう最後の小路まで追い詰めてゆく
われわれはどうにか通り抜けようと、手や足まで捥ぎ取ったというのに
大地はわれわれを締め付ける。小麦だったら死してまた生まれることもできようが。
大地がもし母親なら慈しみでわれわれを癒してくれようが。

われわれがもし岩に描かれた絵であったら、鏡のように夢が運んでくれもしようが。
魂の最後の戦いのとき、われわれの中で最後に生き残った者が
殺す者の顔を一瞥する。
われわれは彼らの子供たちの饗宴を思い悲しむ。
この最後の場所に開く窓から　われわれの子供たちを投げ捨てた者の顔を見た。
星がひとつ、われわれの鏡を磨いてくれるだろう。
世界の果てに辿り着いたとき、われわれはどこへ行けばいいのか
最後の空が終わったとき、鳥はどこで飛べばいいのか
最後の息を吐き終えたとき、草花はどこで眠りに就けばいいのか
われわれは深紅の霧でもって自分の名前を記すのだ！
みずからの肉体をもって聖歌を終わらせる。
ここで死ぬのだ。この最後の小路で。
ここかしこで、われわれの血からオリーブの樹々が生えるだろう。

「大地がわれわれを圧迫する」というこの詩は、悲痛きわまりないものだ。薄皮の一枚が破れればたちどころに内側に封じ込まれていた叫びという叫びが噴出し、作品の態をな

さなくなるであろうという緊張を、かろうじて詩という枠組みが押え込んでいる。わたしはサイードの書物に引用されているこの一篇の詩を通じて、ダルウィーシュという未知の詩人から強烈な印象を受け取った。そしてただちに彼の詩集を集めようと決意した。ところがわたしは重大な錯誤に気付いていなかった。自分が皆目アラビア語を解さないことを失念していたのである。ベイルートで刊行されている何冊もの著作集が船便でわが家に到着したとき、わたしはそれに気付いた。そこで計画を変更し、可能なかぎり彼の英訳と仏訳を渉猟することにした。

詩集は書肆山田から『壁に描く』という表題で刊行されたが、現代詩人による書評はひとつも出ず、完璧に無視された。わずかに生前のダルウィーシュと親交のあった作家、小中陽太郎氏がエッセイで取りあげてくださったのが、貴重なる例外であった。

マフムード・ダルウィーシュは一九四二年に、当時イギリス統治下であったパレスチナ北部、アッコ近くの村ビルウェに生まれた。六歳のときイスラエルという国家がシオニストによって突然に成立し、軍が村を占拠する。一家は虐殺から逃れるためレバノンに逃げた。ちなみにイスラエルは村を徹底的に破壊し尽くし、現在ではそこにはアラブ系住民もいなければ、村の痕跡を示すものは、ビルウェという地名すら存在していない。

一年後の一九四九年、ダルウィーシュ一家はこっそりとレバノンより境界を越えて戻る。だがイスラエル側の人口調査に遅れてしまったため、イスラエル国内のパレスチナ人として住民登録される機会を逸してしまう。この曖昧な身分のため、一九六六年まで彼らはイスラエル国内にあって別の村に向かうさいにも、軍の許可を必要とするという屈辱的な立場に置かれた。その場所に存在しながらも法的には不在であるという状況に長い間置かれたことが、マフムード少年の人生を根本的に方向づけることとなった。

もとより利発だったマフムードは八歳のとき、小学校で来賓が集う席で、イスラエル国家を顕彰する自作の詩を朗読することを、教師から求められる。彼はいならぶ人々と生徒を前に、パレスチナの少年がユダヤ人の少年に話しかけるという詩をアラビア語で読み上げる。「きみは太陽のしたで好きなだけ遊べるし、おもちゃだって持っているのに、ぼくには何もない。きみには家があるけど、ぼくにはそれもない。きみにはお祝いがあるけど、ぼくにはない。なぜいっしょに遊んじゃいけないのだろう?」詩人ダルウィーシュのデビュー作である。翌日、少年はイスラエル軍司令官に呼ばれ、詩をさんざんに罵倒されたばかりか、このために父親が仕事を失うことになるだろうと脅迫される。少年にはまだその理由が理解できないが、家族のことを考えると泣き出さないわけにはいかない。ほどなくして彼は転校を余儀なくされる。ちなみに後になって彼はイスラエル官憲の手でいくたびも投獄されたが、その罪状はつねに詩を朗読したことと、許可なく国内を移動したことであった。

一九六〇年、高校を卒業したダルウィーシュはハイファに向かい、イスラエル共産党が刊行する新聞の編集と翻訳に携わることとなる。ハイファは、厳粛な宗教都市エルサレムやシオニズム理念に基づくテルアヴィヴとは異なり、パレスチナ人とユダヤ人が比較的温和に共存しているリベラルな都市で、共産党員の間には民族を超えた結婚が奨励されていた時期もあったほどであった。この時期に書き溜めた詩を纏めて、一九六四年に処女詩集『オリーヴの樹』を刊行する。続いて『パレスチナの恋人』(一九六六)、『夜の終わり』(一九六七)、『ガリラヤでは鳥が死のうとしている』(一九六九)といった詩集を矢継ぎ早に発表。一九七〇年に金芝河《キムジハ》に先立つこと数年にして、第一回ロータス賞を受賞する。

度重なる投獄と家宅捜査、官憲の嫌がらせは、ダルウィーシュについにイスラエルを離れることを決意させる。一九七〇年にモスクワの社会科学学院に留学。翌七一年にはカイロに亡命して、日刊新聞「アル・アフラン」の記者となる。おりしも時は若きアラファトの率いるPLO(パレスチナ解放機構)が、全世界に向かいパレスチナの解放を訴え出した時期であった。ダルウィーシュはベイルートに向かうと、ただちにPLOに参加。七三年からはパレスチナ研究所が刊行する学術研究誌『シュウーン・フィラスティーニヤ(パレスチナ事情）』の編集に携わることになる。イスラエルを出国してからは、解放感も手伝って詩作の量はとりわけめざましく、『わが愛はベッドを去る』（一九七〇）、『きみが好き／好きじゃない』（一九七二）、『審理番号7番』（一九七三）、『それが彼女のイメージ、これが恋人の自殺』（一九七五）、『結婚』（一九七七）と、矢継ぎ早に売れ線の詩集を発表。総部数が百万部を越すブームとなる。この勢いを借りて、ダルウィーシュは一九八一年にベイルートに拠点を置く季刊文芸誌『アル・カルメル』を創刊する。主幹として健筆を振るおうとした直後に、翌八二年にイスラエル軍がレバノンを急襲。ベイルートは陥落し、多数の市民が死傷する。ダルウィーシュはまずカイロへ、さらにチュニスへ、またさらにパリへと亡命を重ね、かの地で『アル・カルメル』の刊行を続ける。『高い影への賞賛』（一九八三）、『海の頌の包囲』（一九八四）、『これは歌、これも歌』（一九八四）、『少なくなった薔薇』（一九八六）、『ナルシスの悲劇、銀の喜劇』（一九八九）、『見たいものを見る』（一九九〇）、『十一の星』（一九九二）といった詩集が、この亡命時代に執筆される。ちなみにダルウィーシュは一九八三年に、レーニン賞を受けている。

パリで一〇年以上の歳月が経過する。彼はいつしかPLOの執行委員会に重鎮メンバーとして名を連ねるようになる。一九九三年のオスロ合議の後、アラファトはパレスチナ自治政府を発足させるにあたり、ダルウィーシュに入閣を強く求める。ド・ゴール政権におけるマルロー文化相の例を引き合いに出して説得を重ねる。だが合議そのものに強い疑義を抱いていたダルウィーシュはそれに応じず、「たとえパレスチナがフランスのごとき大国であり、アラファトがド・ゴールのように偉大な抵抗運動家であったとしても、自分はマルローよりもサルトルの道を選ぶ」と、大見得を切って拒否する。自分の本分は政治家ではなく、どこまでも現実をある視座から認識する詩人であるというのが、その主張であった。

とはいうものの彼はその後パリでの亡命生活に終止符を打ち、一九九五年にはアンマン経由でヨルダン川西岸のラッマラーに居を移す。家族と再会するまでに、こうして二〇年以上の歳月が経過していた。『どうして馬を置き去りにしたのか』(一九九五)、『異邦人の寝台』(一九九九)が、この時期に刊行され、二〇〇〇年には二〇冊目の詩集である長編詩『壁に描く』が刊行される。またこれと前後して、カリフォルニア大学出版から英語、ガリマール社からフランス語で、彼の主だった作品を収録したアンソロジーが刊行される。二〇〇二年には、第二次インティファーダの直後にイスラエル軍によって過酷な外出禁止令が発動されたラッマラーでの日々を主題に、『包囲状態』を発表。これはフランスの写真家オリヴィエ・チボドーによる映像を伴っている。

また順序はいささか前後するが、ダルウィーシュには『ありきたりの悲嘆の日記』

（一九七三）、『さらば戦争、さらば平和』（一九七四）、『忘却のための記憶』（一九八七）、『書簡』（一九九〇）、『移動する対話のなかの移動』（一九九〇）といった散文の著作がある。とりわけ『忘却のための記憶』は、一九八二年のイスラエル軍のベイルート占領の日常の見聞を、八月六日の広島の日から書き起こした壮絶な記録であり、書くこと（記憶）と歴史（忘却）との間の根源的な関係を問うたルポルタージュとして、翻訳が待たれる。「記憶は回想などしないが、その上に降りしきる歴史の雨を受け止めるものだ」と、彼は記す。

二〇〇四年に六二歳を迎えたダルウィーシュは、サミル・アブダラーとホゼ・レイネスのドキュメンタリー映画『前線の作家たち』と、ジャン＝リュック・ゴダールの『われらが音楽』という二本のフィルムに出演し、心臓手術後の元気な姿を披露している。前者は、ショインカ、北島《ペイタオ》、ゴイチソロといった世界の著名な文学者たちが、イスラエル側が設置した検問所を抜けてラッマラーに彼を訪れ、自由とエクリチュールをめぐって討議するさまが描かれている。後者はボスニア独立戦争の余韻の残るサラエヴォで、ダルウィーシュがユダヤ人女性ジャーナリストに向かって、憎悪と解放をめぐる問いに答えるところにフィルムの焦点が当てられる。余談であるが、二〇〇四年に文化庁からイスラエルに派遣されたわたしは、滞在期間が終って休暇先のパリでこのフィルムを観た。そのときは、ただちに渦中の詩人にムーヴィカメラを向けるゴダールの、相変わらずの炯眼ぶりに驚かされた。ゴダールは語っている。「一九四八年以来、イスラエル人は劇映画の主人公となったが、パレスチナ人はドキュメンタリー映画の主人公となった。」

ダルウィーシュの詩のスタイルは、けっして高踏的なものではない。かといって政治的プロパガンダをよしとするものでもない。書きぶりは一見牧歌的に見えて晦渋であり、辛辣さの背後に無垢なる感情が見え隠れしていたりする。地中海を背景とした人生への達観においてカヴァフィス、大地母神への帰依においてネルーダ、寓意的思考においてロルカと比較することは、あながち間違ってはいない。煮ても焼いても食えない辛辣さという点では、日本の金子光晴などは、案外いい勝負かもしれない。ダルウィーシュ本人の述懐するところによれば、このリストにはユダヤ教の神秘詩人ハイム・ビアリックと、エルサレムを生涯歌い続けたイェフダ・アミハイを付け加えておくべきであろう。

筆舌に尽くせない、惨めたらしい事件が生じる。詩人はそれを記録する。惨事によって直接に喚起される暴力的な感情をなんとか取り除きながら、事態の本質をテクストとして読者に差し出す。それはある意味で惨事をめぐる忘却であり、忘却を越えたところにある記憶化にほかならない。詩人としてダルウィーシュが向かいあっているのは、パレスチナという場所そのものが矛盾とアイロニーから造り上げられてきたからだ。

彼はみずから編集する『アル・カルメル』誌において、こう語っている（イブラヒム・ムハーウィによる『忘却のための記憶』英訳本の序文より引用。）

「一篇の詩は詩人と読者の間の関係においてのみ存在する。わたしは自分の読者を必要としている。もっとも読者が望むがままにわたしのことを書きやめず、せっかく読んでくれても、わたしの顔立ちをすっかりこそげ落としてしまうような文章を書くというのなら、話は別であるが、自分の詩が誤解の祭壇の上で殺害されたり、ステレオタイプの意図により誤謬の犠牲とされなければならない理由は、自分にはわからない。わたしは単にパレスチナの市民であるだけではない。もちろんパレスチナとの関わりは誇りに思っているし、パレスチナの事態をめぐって身を捧げることには吝かではない。だがわたしはまた、自分の民衆の歴史と闘争を、美学的な角度から取り上げてみたいと考えているのである。思いつきの政治的理解からなる、どこでも誰もが繰り返し口にするような意味あいとは、まったく異なった角度から。」

ここで詩人とも深い親交をもち、彼を「さまよえる亡命者」と親しげに呼び慣わしてきたサイードの言葉を引くことにしよう。

「ダルウィーシュの最近の詩は強い緊張をもち、意図的に容易な解決を拒むような性格をもっていて、アドルノが晩年のスタイルと呼ぶ典型であるといえる。そこでは紋切型と優雅さ、歴史性と超越的美学が結びついて、これまで誰もが実際に体験しえたことを越えて、驚くべき生《なま》の感覚をもたらしている。」

ところで長々と解説をしていても仕方がないので、ここらで彼の詩を何篇か引いてみることにしたい。一九八六年に刊行された詩集『少なくなった薔薇』に収められた、「また野蛮人がやって来る」という作品である。

また野蛮人がやって来る。皇帝の妻は勾引《かどわ》かされる。太鼓が高く打たれる。だからどうだというのだ。馬の駆け競べが妻たちにどう関係があるのか。
皇帝の妻は勾引かされる。太鼓が高く打たれ、また野蛮人がやって来る。野蛮人は町の空虚に気付く。海よりもわずかに高く、狂気の際《きわ》に剣よりも強靱な町の。だからどうだというのだ。あの不逞の輩が子供たちにどう関係があるのか。
太鼓が高く打たれ、また野蛮人がやって来る。皇帝の妻は寝所から引き出される。皇帝は寝所から軍に檄を飛ばし、愛人の奪還を命じる。われらにどうしろというのだ。

この束の間の結婚のことなど、五万人の犠牲者にどう関係があるのか。

われらの後にもホメロスは生まれてくれるのだろうか……万人のため、神話は扉を開いてくれるのだろうか。

「エーゲ海からダーダネルス海峡まで」という固有名詞があるため、この詩の舞台は一応、紀元前に生じたトロイア戦争であると考えていいのかもしれない。だがそう指摘したところで、実はほとんど意味がないことが読み終わって判明する。ローマ帝国の兵士たちから十字軍、さらに二〇世紀にあってはイギリス軍とシオニストといった風に、次々と異国の軍隊によって蹂躙され、強奪と虐殺を被ってきたパレスチナ人にして執筆しうる詩であるためである。とはいえ、だからといってこの作品がパレスチナという一地域の特殊な物語に限定されているわけでもない。いくたびも反復される語句は、歴史の悪逆が際限なくなされてきたことを、あたかも摩滅した版画の版木のように提示し、それに距離をもって接するという身振りを語り手に与えている。ホメロスの語る古代叙事詩の世界と、現下に埃の舞うパレスチナで行われている惨劇とが、人物たちの行動の型を機軸として巧みに重ねあわされているのである。原型とその反復。つねに回帰してやまない時間の悪しき円環。

「だからどうだというのだ」「われらにどうしろというのだ」という強い言葉の陰に隠されているのは、歴史の周縁にあって無力のまま放置されてきた弱者たちが抱き続けてきた限り、さらにそれをめぐる無力感と絶望である。だがこの詩の最後にいたって、ダルウィーシュはついに円環する時間に対する苛立ちを、抑えきれないかのように訴える。「われらの後にもホメロスは生まれてくれるのだろうか……万人のため、神話は扉を開いてくれるのだろうか。」

末尾に記された二行は、ダルウィーシュのこれまでの詩的営為とパレスチナの半世紀以上にわたる厄難を考えてみると、その意味するところがなかなか晦渋である。かつてホメロスがトロイア戦争を叙事詩に仕立てあげ、その記憶のすべては荘厳な神話として今日にまで語り継がれている。われわれの住まうパレスチナの地にあっても、占領と虐殺に対してそれにふさわしいホメロスが登場してしかるべきである。いや彼の到来をこそ待ち望むべきである。できることならば、詩人である自分はそれを目標として詩作に邁進すべきではないか。こうした期待の呼びかけがこの二行には込められている。

だが詩の結論をそう楽天的に解釈した瞬間から、それに反対する別の解釈が台頭してくる。なるほどホメロスはトロイア戦争を語ったかもしれない。だが文学がいくら悲惨を神話として謳いあげることはできても、それがその後も繰り返されることを制止することはできなかった。たとえ現在第二、第三のホメロスがパレスチナの地に降り来たって悲惨を題材に叙事詩を作り上げたとしても、それが一体何だというのか。詩と神話は現実の悲惨にいかなる終止符を与えてくれるというのか。

最後により絶望的な解釈が到来する。もうホメロスは二度と出現しないだろう。現下の悲惨を叙事詩の形にして後世へと語り継ぐシステムは、すでに断ち切られてしまって久しい。われわれの体験は当事者が死に絶えてしまった瞬間から忘却の彼方へと飛び去ってしまい、古代ギリシャの荘厳なる物語だけが永遠の相の下に、戦争という観念を古典的に伝えていくばかりだろう。われわれが目下体験している憎悪と屈辱とは、ホメロスの時代には想像も及ばなかった強烈な悲惨なのであって、叙事詩の説話の文脈にほどよく表象されうるようなものではない。そしてその体験は人類によって語り継がれることもなく、また記憶されることもなく、消滅してしまうのだ。

ダルウィーシュはこの三つの解釈のいずれにも裁定を下さず、あえてすべてを可能態のままにしている。深い懐疑だけが彼の心を支配している。このとき読者であるわれわれの前に立ち上がってくるのは、ではたして詩とはいかにして可能なのかという根源的な問いである。パレスチナの悲惨を目の当たりにして、もはやホメロスの時代から数千年を経たわれわれは、記憶のメディアとしての詩的言語にどこまで信を置くことができるのだろうか。ダルウィーシュは古今の叙事詩に精通していたが、みずからはけっして叙事詩のもつ超越的な視座から物語を語ろうとはしなかった。それは、こうしたアドルノ的とも呼べる問題にどこか捕らわれていたからであろう。

次に同じく『少なくなった薔薇』から、「この大地にあって」を引いてみよう。

この大地にあってまだ生に値するもの、
四月の躊躇い、夜明けのパンの匂い、女から見た男の品定め、アイスキュロスの作品、
愛の始まり、石の上の雑草、笛の悲しみに生きる母親、侵略者の記憶への恐れ。

この大地にあってまだ生に値するもの、
九月の最後の日、四十を過ぎて杏の実が熟れきった女、獄舎に陽が差し込む時間、
生きものたちを真似る雲、
微笑を浮かべ死に向き合う者への賞賛、独裁者の歌への恐怖。

この大地にあってまだ生に値するもの、

女なる大地、すべての始まりと終わりを司る大地。かつてパレスチナと呼ばれ、のちにパレスチナと呼ばれるようになった。
わがきみよ、汝がわがきみであるかぎり、われに生きる価値あり。

人生のさまざまな相を愛してやまない。ダルウィーシュの面目躍如ともいうべき詩である。この一篇を読んだだけでも、彼が単に政治的抵抗の詩人として要約することのできない、生への豊かな愛を抱いていることが理解できるだろう。
とはいえ詩人が五八歳のとき、二〇〇〇年に一冊の単行本として刊行された長編詩『壁に描く』には、深い死の影が射し、それを媒介として生の全体が総合的に回顧され、「わたしはある日、なりたいものとなる」というルフランが唱えられることになる。頁数にして八〇頁を越えるこの詩は、次のように書き出される。

これがあなたの名前、と彼女はいい
螺旋の回廊に消えた……

天国が手の届くところに見える。白鳩の翼がわたしを

今ひとつの子供時代へと引き上げてくれる。夢を見ていたなんて、
夢にも知らなかった――すべてが現実だ。
わかっていた、わが身を脇に置いて、飛ぶのだと。
究極の天球にあって、わたしはなるべきものとなる。
すべてが白い。海は白い雲のうえで白い。
絶対の白い空にあって、白とは無だ。
わたしはいたのだった、いなかったのだった。
白い永遠を抜けてひとり彷徨い
時間前に到着する。
地上では何をしていたのか？　と、
わたしに尋ねようとする天使はひとりも現われなかった。
祝福された魂の賛美歌も、罪人の嘆きも聞かなかった。
わたしは白のなかでひとり、わたしはひとりだ。

心臓発作で入院した詩人と看護師との対話。死が目前にあると知った詩人は自分が「白い永遠」の途上にあることを知る。

前に死んだことがあるかのようだ。そのヴィジョンには見憶えがある。
自分が未知へと進もうとしているとわかる。
まだどこかで生きているような気がする。
欲しいものはわかる。

わたしはある日、なりたいものとなる。

わたしはある日、いかなる剣も書物も
荒野へと携えていけぬ思考となる。
草の刀に断ち割られる山に降る雨のような
勝利も、力も逃げまどう正義もない！

わたしはある日、なりたいものとなる。

わたしはある日　鳥となって、自分の無から存在を引っ摑む。

死とは未知への旅であり、新しい探求である。それは「なりたいものとなる」ことだ。「わたし」は鳥となって灰から蘇り、詩人となって隠喩を駆使してみせる。葡萄の樹となって人々に慰めを与え、伝言となり、それを運ぶ使者となる。以下、病院の寝台に横たわりながら、長い独白が続く。彼は人生のさまざまな光景を回顧する。警官たちによって棒で殴られたこと。父親が巡礼から戻ってきたこと。ルネ・シャールとハイデッガーの対話を、間近で目撃したこと。女たちが泣きながら、黄金の糸で自分の経帷子を縫っているさまを見たこと……。

わたしは生きたい……船の背でやるべき仕事がある。
われらの飢えと船酔いから鳥を救うことではなく
洪水に立ち会うという仕事だ。次は何が来るのか？
この古き土地に生き残った者は何をすればいいのか？
もう一度　物語を繰り返すのか？
始まりとは　終わりとは　何なのか？
死者のもとから真実を告げに戻ってきた者はいなかった。

死よ、この大地の手前で、お前の王国でわたしを待っていてくれ。
わたしが残りの人生にわずかばかりの言葉を語るまで、テントの傍で待っていてくれ。
タラファをすべて読んでおきたいのだ、時をくれ。
実存主義者は自由やら正義やら
それに神々のワインとやらで一瞬一瞬を浪費せよと　わたしを誘惑する。
死よ、自分の葬式の手はずを整える時をくれ。
このはかない新春に　わたしに時をくれ。
わたしは春に生まれた。わたしはこの胸を突く悲しみの国について、
時とその軍勢の前に立ち塞がる無花果とオリーブの樹木の抗いについて、
雄弁家たちの際限のない演説を遮るだろう。

詩人は死に向かって語りかける。だがときおり、看護師の声がそれを遮る。彼女には彼の言葉が譫言《うわごと》にしか聞こえないのだ。わたしが今、先生に施しているのが死なのか、それとも言葉の死なのかと尋ねられても、お答えのしようがありませんわ。
『壁に描く』はきわめて高揚した詩行で幕を閉じる。「ムタッヤム、ムヤッタム、ムタッ

ミン、マ・マダト……」といった風に、五つの文字によって頭韻が踏まれ、ミームからダールまでの五文字が「マフムード」という詩人の名を構成する。「わたし」は時間と空間を越え、「わたし」自身への帰属をも拒んで、新しい旅に出発する。

キリストが湖上を歩いたように、わたしは自分のヴィジョンのなかを歩く。
しかしわたしは十字架から降りてきた。高みを恐れ、復活を口にしないから。
自分の心臓の音をはっきりと聴きとろうと、ただ自分の調子を変えてみた。
英雄には鷲がつきもの、わたしには鳩の首飾り。
屋根の向こうに捨てられた星、港に出て終わる路地。
この海はわたしのものだ。この新鮮な大気も。
この舗道も、わたしの歩みと種の散らばりもわたしのもの。
古いバス停もわたしのもの。
わが亡霊も　その主も。
銅の壺も「王座の句」も鍵もわたしのもの。
扉も護衛も鐘もわたしのもの。
城壁を飛び越えた馬蹄もわたしのもの。

過去にわたしのものだったものすべてはわたしのもの。

新約聖書から切り取られた頁もわたしのもの。

わが家の壁につけた涙の塩の跡もわたしのもの。

横並びの五文字からなるわたしの名前は、たとえ読み間違ったとしても、やはりわたしのもの。

م ミームは狂気の愛、孤児、過去をなしとげた者。

ه ハーウは庭園、愛されし者、二つの当惑と二つの労。

م ミームは冒険家、欲望の病。告知された死に備える亡命者。

و ワーウは別れ、中心なす薔薇、誕生のさいの誓い、父母の約束。

د ダールは導き、道、崩れた家屋の悲しみ、わたしに阿《おもね》り、わたしを血で汚すスズメの悲しみ。

この名前は友人の名前、彼がどこにいようと、しかもわたしの名前。

仮初の軀でもわたしの軀だ、眼の前にあろうがなかろうが。

今では二メートルの土地で充分。

わたしには一メートル七五で充分だ。

後は鮮やかな花が咲き乱れて、わたしの軀をゆっくりと呑みこんでゆけばいい。

わたしのものだ、かつてわたしのものだった昨日も、
これからわたしのものとなる遠い明日も、
何ごともなかったかのように戻ってくる彷徨える魂も。

そう、何ごともなかったかのように。

愚かしい現在の腕を薄切り。

歴史は犠牲者も英雄も嘲笑う。

彼らに一瞥をくれて　過ぎてゆく。

この海はわたしのもの。この新鮮な大気も。

そしてわたしの名前は、棺に刻まれた名前を読み間違ったとしても、やはりわたしのもの。

わたしはといえば、旅立ちの理由でいっぱいだ。

わたしはわたしのものではない。

わたしはわたしのものではない。

わたしはわたしのものではない。


『壁に描く』を翻訳している間、わたしが圧倒させられたのは、ダルウィーシュの背景

にある神話的・文学的教養の広大さと深さであった。短い詩の場合にはそれほどでもないが、とりわけこのような長編詩ともなると、詩人がこれまでの文学的経験のすべてを投入し、夢とも現実ともつかないエクリチュールにあって、それが渾然一体の態をなしている。早い話が冒頭の女性の科白である。ダルウィーシュの心臓発作とその後の入院生活を契機として、この詩が執筆されたことをあらかじめ知らされていたので、ひとまずはその状況にそって、病院の看護婦の言葉として訳してみた。だが詩の全体がダンテの『神曲』、とりわけ煉獄編と天国編への含意を強く抱いていると知り、さらにその背後にダンテに影響を与えた中世イスラムの天界旅行記といった神秘主義文学が横たわっていると知らされた後では、おのずから翻訳の姿勢を改めなければならなくなった。『伝道の書』や『雅歌』といった旧約文学から、イエーツ、T・S・エリオットといった二〇世紀の象徴詩、モダニズム詩への言及も、なんとか咀嚼して、翻訳に反映を試みようと努めてみた。ちなみに今、仮初に「壁に描く」という邦題を与えてみたが、アラビア語の現題「ジダリーヤ」は直訳すると「壁のような」「壁画」の意味である。

だが敵はさらに手ごわく、『壁に描く』には人類最古の叙事詩といわれる『ギルガメッシュ』はもとより、古代カレーンの神話、前イスラム期のジャーヒリーヤ詩の詩的伝統、そして『コーラン』といったテクストの引用言及までが溢れている。これは意識的にパレスチナの土地の精霊《ゲニウス・ロキ》の物語を背負いこみ、その延長上において詩作を続けていこうとする詩人の姿勢を物語っている。パレスチナとは二〇世紀の中ごろに偶然の惨事から有名となった政治的軍事的空間などではなく、旧約聖書よりも二千年も以前から豊かな神話的想像力の跳梁する場所であったという確信が、ダルウィーシュに月の女神アナットへの連禱の詩を執筆させた。また政治的受難から失意のうちに身罷った王子イムルウ・ル・カイスの詩への共感を、作品として結実させた。ある時期からのダルウィーシュには、パレスチナの詩的伝統と集合的記憶とを積極的に担おうという姿勢が、顕著になっている。

アラビア語では証言を行なうことを、一般的に「シャヒダ」という。墓石とか碑文を示す「シャーヒド」はここから来ている。また殉教という意味の「シャヒード」との距離も大きくはない。かつてT・S・エリオットは晩年の『四つの四重奏』の「リトル・ギディング」のなかで、「あらゆる詩は碑文である」と書き記したことがあった。本書を手にした読者は、まさしくこの一行こそがダルウィーシュの全詩集を要約していることを知るだろう。「墓とは詩だ」と彼は記す。詩を書きつけることとは証言の場所に立つことだという、ホメロス以来の古典的真実を、このパレスチナの詩人はまさしく困難な現在にあって体現しているのである。

ポール・ボウルズとタンジェの作家たち

ポール・ボウルズは優れた作曲家であり、作家であった。だが同時に、モロッコ人の聴書きを英語に訳した、稀有なる翻訳家でもあった。『モロッコ幻想物語』はボウルズの聴収・編集・翻訳になるモロッコ文学のアンソロジーである。翻訳を一読された方は、それがけっして羊頭狗肉でないことを理解してくださると思う。原書はヤクービ、ブライチ、ラヤチ、ショックリー、ムラベの五人の著者による一一の作品から構成されているが、後に述べる事情によって、訳書ではショックリーの四作品が割愛された。代わりに翻訳者である越川芳明氏によって、ムラベの『狩猟家サイヤド』『黒い鳥』『蟻』『衣装箱』を付け加えた。以下にボウルズと四人の著者について、簡単に記しておきたい。

ポール・ボウルズ（一九一〇―九九）は、ニューヨークで生まれ、英語で執筆した作家である。彼は一七歳のときに、パリでガートルード・スタインが主催する前衛文学誌『トランジション』に投稿し、ジョイスやブルトンと並んでその詩が掲載されるという文学的早熟を示した。アメリカ南部のヴァージニア大学に進んだが、ほどなくして中退。生涯の性癖となる旅行癖に突き動かされ、一九三〇年代をニューヨークからパリへ、メキシコからパナマへと移動を続けた。アーロン・コープランドに師事して作曲を学び、最初にモロッコに渡ったのは一九三二年、二〇歳の時である。地中海を渡り、はじめてタンジェ（英語ではタンジール、スペイン語ではタンヘル）の地を見たときの感動を、後に彼は自伝『止まることなく』のなかで、書いている。

「ただちにわたしは非常なる興奮に襲われた。まるで陸の風景が近づいてくるにつれて、軀の内側に仕掛けられた装置が作動するかのようだった。……さながらいまだに突き付けられていない問題の解決だけを、一足先に鼻先に近づけられたような気がしたのだった。」

運命を先取りしたかのような記述である。というのもこの時の体験が契機となって、その後ボウルズは第二次大戦が終結した直後から、なんと半世紀の長きにわたってモロッコに滞在し、八八歳の生涯をタンジェで閉じることになるからだ。

ボウルズはマグレブ地方を舞台として、三つの長編と数多くの短編を執筆した。『シェルタリング・スカイ』は、アメリカ人夫婦がサハラ砂漠を前にして、内面を蝕む脅威的な他者に出くわし、生と死の境界を彷徨う物語であり、後にベルトルッチによって映画化された。『蜘蛛の家』は、独立運動の高まる古都フェズを舞台に、アメリカ人作家と利発で孤独な少年が運命的な出会いと別れを繰り広げる長編である。また『優雅な獲物』は、砂漠を行く商人の一行が、言葉巧みに接近してきた遊牧民の男に騙され、残虐な手口で殺害される短編である。総じてボウルズの描く小説世界では、主人公は戻りようもない異郷に迷い込んで、自分なるものを喪失してしまう。語り手はそれを、突き放したような、冷たい距離感のもとに描いている。

とはいえ、単なる小説家、作曲家と見なすだけでは、ボウルズの全体像を見失ってしまうことになるだろう。先にも書いたように、彼は優れた翻訳家でもあった。二〇世紀の前衛文学の英語への翻訳紹介者として、またマグレブ地方の民族音楽の蒐集家として、きわめて先駆的な存在であったといえる。

ボウルズはすでに一九四〇年代に、まだアルゼンチンのローカルな作家にすぎなかったボルヘスを先駆的に英語圏に紹介し、ピエール・ド・マンディアルグ、フランシス・ポンジュといったフランスの作家、詩人の翻訳を行なっている。そればかりか、マヤ神話『ポポル・ヴフ』と、モロッコ中部のベルベル人の神話までをも英語に訳している。これはきわめて個性的な翻訳アンソロジーであり、それ自体がひとつの作品と呼べるほどである。

一九五〇年代後半に入ると、民族音楽の採取が開始される。半年にわたってモロッコの端から端まで四万キロを、車にオープン・テープレコーダを積み込んで踏破し、莫大な音楽資料が記録された。後にボウルズはバルトークの作品を聴いていて、かつて自分が足を赴けた地で聴いたのと同じ旋律をそこに認め、わが意を得たという。

こうしてボウルズは、前近代的なもの、神話的なものと、同時代の前衛文学とを同列において眺める視座をわがものとし、音楽と文学、創作と翻訳の間を自在に往還できる位置に立つことになった。もっとも複数の言語と表象体系を駆使する彼のあり方は、当時はあまりに斬新であり、理解されることが少なかったといえる。事実、一九七〇年代にボウルズはほとんど忘れられ、日本のある世界文学事典などは、彼が死亡したものとして扱っていたほどである。その彼がバロウズ、ブコウスキーとともに3Bと称され、アメリカでふたたびある熱狂をもって読まれるようになったのは、一九八〇年代中頃に到ってのことである。他者との遭遇による自我の危機を繰り返し描き続けてきたボウルズは、ほどなくして来るべき世界の芸術家のモデルの一つと見なされるまでとなった。

ボウルズにとってマグレブ語からの翻訳という作業は、この二つの作業、すなわち翻訳と民族誌的な文化採取とが交錯したところに生じた。それが具体的に開始されたのは一九五〇年代の初めであり、一九七〇年代になされた『モロッコ幻想物語』を含めて、一九八〇年代中頃までに、一五冊に及ぶ翻訳が英語で刊行されている。それが従来のアラビア文学の英訳とは決定的に異なっている理由を、ここに書いておきたい。

ボウルズが翻訳の対象とした作品は、ただ一人の例外を除いて、すべて識字教育とは縁のない青年たちの手によるものであった。その多くはタンジェにあって、社会的にもっとも下層な階層の出身である。彼らは貧困と暴力のなかで生まれ、長じて犯罪と入獄の体験をもつ者たちであり、国際都市であったこの港町に屯するヨーロッパ人と同性愛の体験をもったり、彼らに寄生して生活した体験をもつ者たちであった。彼らはモロッコ訛りのアラビア語、すなわちマグレブ語と、長らくタンジェを統治していた宗主国スペインの言語を話すことはできても、『コーラン』の言語、すなわち古典的なアラビア語の文語体に関しては、読むことも書くこともできなかった。おのずからボウルズの翻訳行為は、テープレコーダを用いて彼らの語るマグレブ語を録音し、ときにスペイン語の力を借りながらそれを聴きとると、一字一句を英語に訳していくという作業と化した。この作業は、一九六〇年代の当初、妻ジェインの発病と奇行に悩み、創作面で行き詰まりを感じていたボウルズにとって、モロッコの民衆的想像力が作り出してきた世界を開示してくれる絶好の好機であった。公式的な教育制度からつとに疎外されてきた者たちが語る、魔術的で幻想的な雰囲気をもった物語は、ボウルズの小説世界にも決定的な影響を与えた。

もっともこうした作業が、フランス語で書くモロッコ人作家たちを苛立たせたことは事実である。富裕な家に育って高等教育を受け、パリのアパルトマンに居を構えながら執筆を行なっているモロッコ人にとって、自分が置き去りにしてきた場所で最下層の生活を強いられている者たちが語る、詐欺と背信、同性愛とハシシュの臭いのする物語とは、できることなら回避をしておきたい、躓きの石であった。ボウルズから直接に聞いた話であるが、彼は一九八〇年にモロッコのある知識人から、ありもしない人物を捏造し、その翻訳と称してモロッコの前近代性を強調して描く新植民地主義者であると、名指しで批判されたことがあったという。この批判は、松江に住んだラフカディオ・ハーンの怪談蒐集と比較してみると、興味深い現象に思われる。急速な近代化の途上で排除され、失われようとしていた日本の妖怪や幽霊の物語を採取し、それを英語に訳して刊行したハーンに対し、日本人は今日でも感謝と敬愛の気持ちを抱いているためである。

その知識人って、ひょっとしてターハル・ベン・ジェルーンのことではありませんか。わたしがそう問い糺すと、ボウルズは微笑をして何もいわなかった。ただ彼は、マグレブ語を捨ててフランス語で執筆をする知識人にこそ、実のところ、その新植民地主義とやらにふさわしいのではないかね、とだけ語った。

ここで、ボウルズがマグレブ語から聞き取りを行なった青年たちの素性と、彼らの物語が英語に翻訳され、広く紹介されるにいたった経緯について、書いておきたい。

アハメド・ヤクービ（一九三一－八四）は、古都フェズの富裕な旧家に生まれた。生まれつきバラカ、つまり叡智を携えた治療力を備えているといわれ、才気煥発にして自在な想像力に長けていた。ボウルズは最初の長編『シェルタリング・スカイ』を執筆していた三八歳のとき、彼に出会い、マジューン（ハシシュを黒いペースト状にしたもの）を教えられた。二人の間にはどうやら性的な関係があったようで、それはジェインの嫉妬の原因となった。

ボウルズはやがて彼をモデルとして、長編『蜘蛛の家』の主人公を造形することになる。血腥い独立闘争のさなか、フェズで独立党の頭目に裏切られ、孤児となって街角を徘徊することになる、少年アマールのことである。ヤクービはボウルズにとって、フェズの伝統世界のみならず、路上で喧嘩に明け暮れる少年たちの世界を開示してくれる、理想的な水先案内人《チチェローネ》であった。

かつて『蜘蛛の家』を翻訳していたわたしは、そこに頻出するアラビア語に手こずり、その意味を親しいモロッコ人に訊ねてみたことがあった。彼女はわたしがわたしした単語のリストを一瞥して、どうしてここまで正確にフェズ方言がアルファベットで再現されているのかと、ひどく驚いてみせた。もっともそれは、ラバト生まれで敬虔なるムスリムである彼女が、生涯にわたって口にすることができないような卑語と猥褻語ではあったが……。すべては、ヤクービがボウルズに教授したものであった。

ヤクービは一八歳のときに、絵画の道に進もうと決意した。この少年のなかに非凡な才能を見てとったボウルズは、彼をスリランカの孤島へ、またニューヨークの芸術家たちの小さなサークルへと引き廻し、その合間を縫って、彼が語る奇想天外な物語を書きとっては、英語に訳した。『モロッコ幻想物語』に収録された三編は、いずれもがキフの吸飲による幻覚気分のさなかにあって、ほとんど即興的に口述されたものである。登場人物は目まぐるしく姿を変え、時間と空間は思いつくままに伸びたり縮んだりしている。物語に教訓というものがあるわけでもない。一陣の煙が空中に優雅な曲線を描いたかと思うと、次の瞬間には消えて行くように、すべては語られた瞬間から忘れられていくという雰囲気をもっている。

二一歳のヤクービはニューヨークでハンス・リヒターの実験映画に出演した後、ジェインの戯曲を舞台で演じたリビー・ホールマンと恋に陥り、しばらく彼女の森の家に寄宿することになった。リビーとの関係が破綻するとモロッコに戻り、タンジェにアトリエを構えていたフランシス・ベーコンのもとで、本格的に抽象絵画を学んだ。だがその後、ボウルズはヤクービに冷淡な態度をとるようになり、タンジェに住まう別の少年たちに関心を移してしまう。そこでヤクービは単身ニューヨークに渡り、画家として身を立てようとする。彼は二度結婚し、子供を儲けた。一九七〇年代にはロウアー・イーストサイドにある小劇場ラ・ママで美術を担当していたというから、あるいは『毛皮のマリー』を引っ提げて到来した寺山修司と、劇場で言葉を交わしていたかもしれない。

タンジェのカスバにあるモロッコ現代美術館には、ヤクービの手になるグワッシュが一点展示されている。青と灰白色の地にカマキリともバッタともつかぬ奇怪な昆虫たちが群をなし、なにか企みごとをしているといった感じの作品である。その不気味さは、『モロッコ幻想物語』に収録された三編の物語に、みごとに見合っているように思われる。

アブデスラム・ブライチ（一九四三―　）もヤクービと同じく絵画に才能を発揮した青年であった。もっともヤクービと違い、その物語には天真爛漫な空想というよりはむしろ、国際都市タンジェに独特の苦い後味が感じられる。ブライチはタンジェに生まれ、現在に至るまでタンジェに住み続けている。彼については、モロッコとイギリスで個展を開催したという以外には、それほど多くのことが知られているわけではない。

『トラック運転手オマール』が興味深いのは、ボウルズのいくつかの短編に、これときわめて近い読後感を与えるものが見受けられることだ。すべてが不条理のうちに展開し、後には徒労だけが残される。ボウルズの『庭』のような作品の背後にある民衆の人生観、世界観は、ブライチのような青年の語りを通して体得されたもののように思われる。ボウルズはそこに、彼が生来的に偏愛していた、冷たい距離をもった眼差しを発見した。それはヤクービにも、後で述べるムラベにもない、ブライチに独自のものであったかもしれない。

ラルビ・ラヤチ（一九四〇―　）も、ブライチと同じくタンジェに生まれた。もっともその作風は彼とは対照的で、痛ましいまでに自伝的な色調に彩られている。ラヤチはヤクービやブライチのように芸術創造に燃える青年ではなく、ボウルズと知り合ったときは一介のカフェの夜警にすぎなかった。ただ彼が語る生い立ちの物語にひどく関心をそそられたボウルズが報酬を与え、積極的に聴き取りを行なったために、作品が日の目を浴びることになった。

ラヤチの語りは『穴だらけの人生』という英語題名のもとに、一九六四年にグローヴプレスから刊行された。この作品は便宜的に「小説」と銘打たれてはいたが、文字通り、最下層の世界に生きる少年の成長の記録である。それはボウルズが刊行した最初のマグレブ語からの翻訳であるばかりか、マグレブ語による最初の文学であるという評価がなされている。

『穴だらけの人生』という題名は、どれほど穴だらけの、待つよりほかにない人生にしても、生きていないよりはましだという、モロッコの俚諺に由来している。それは母親が兵士と再婚したため、毎日のように義父から暴力を行使され、背信と屈辱の世界のなかで成長していく八歳の少年の物語である。彼は幼いころより、農家で牛糞を乾燥させる雑役夫から、パン屋の使い走り、フランス人ゲイの使用人まで、さまざまな職業を転々とし、刑務所のなかでは守衛の卑屈な横暴を体験する。「ナザレ人」(キリスト教徒のヨーロッパ人)への両義的な感情、植民地体制下の絶望、貧困への憎悪といったさまざまな要素が、この自伝を形作っている。

もっともラヤチは正直で慎み深い性格の持主であり、もとより文学的な野心とは無縁な青年であった。彼は刊行の印税によって結婚資金を得られたことをボウルズに感謝したが、同時に自分の物語が公のものとして知られることに強い不安を感じていた。そこでボウルズに提案し、ドリース・ベン・ハーメッド・シャルハディという変名を用いた。『穴だらけの人生』が評判を呼び、フランス語訳が刊行されたとき、彼はニューヨークへ出奔した。自分の過去の悪行が、モロッコ警察に発覚することを怖れたためである。

『モロッコ幻想物語』に収録された『異母兄弟』は、この『穴だらけの人生』の一挿話ともいえる短編で、主人公が一〇歳のときに体験した、父親の違う幼い弟への思いやりと放浪生活の開始が語られている。ボウルズがこの作品の翻訳を刊行した一九七九年には、もはやシャルハディという変名を用いる必要はなくなっていたものと推測される。ちなみに個人的な感想ではあるが、この短編を読み終えたときわたしが想起したのは、一九六〇年代末に連続射殺事件を起こした永山則夫の供述書である。

ここで『穴だらけの人生』に戻ると、ここに料理人だったモハメド・ムラベが登場する。一九六〇年代中ごろ、事あるごとにボウルズ夫妻のアパートを訪れていたムラベは、あるとき顔見知りのラヤチの写真を表紙にあしらった英語の単行本を発見し、仰天してしまう。彼は思わず吹き出してしまう。というのも、ラヤチが自分同様に文字を書けないことを知っていたためである。そこでボウルズはムラベにテープレコーダと八本のテープを見せ、彼がいかにしてラヤチの物語を録音し、それを英語に訳したかを説明する。それでもムラベの笑いは終わらない。彼はボウルズにむかって、俺だったらもっと面白い話をいくらでもしてみせるぜと宣言し、それ以後、一日に二時間ずつ、テープレコーダの前でさまざまな物語を披露してみせる。そのなかにはカフェで誰かから聞いた話もあれば、ムラベ本人が体験した夢の話もある。もちろん彼が人生において実際に体験した話もあれば、真偽も定かでないままに、あることないこと区別もないまま語って聞かせた話も含まれている。こうしてムラベとボウルズによる最初の共作『何本かの髪の毛の愛』が、一九六八年に刊行された。

『何本かの髪の毛の愛』の主人公は、一二歳のときからゲイの白人の性的なお相手をしてきた少年モハメドである。一七歳になった彼は、ミナという美少女に恋をするが、すげなく拒絶される。そこで魔女のもとを訪れ、ミナの何本かの髪の毛をもとに魔法の粉末を調合してもらう。その甲斐あってミナはモハメドに靡き、二人はミナの家族の反対を押し切って結婚する。だが数か月後、事態を不審に思った義母が予言者に相談し、魔術のからくりを発見する。義母の指図に従ったミナが魔法の粉末を焚いた火鉢を跨ぐと、その瞬間に大きな爆発が生じ、魔力は解けてしまう。モハメドは仕方なく、今度は自分のミナへの恋情を消してしまうために、もう一度魔女のもとを訪れる。彼はミナへの思いを断ち切ると、ふたたび白人のもとに戻る。数年後、彼はバスのなかでたまたまミナと再会するが、もはや彼の眼に彼女は、三人の子連れの田舎女にしか見えない。モハメドは自分が女に耽溺することなく、女と享楽を愉しめることになった自分のことを神に感謝し、みずからに祝福を与える。

ボウルズがこれまで耳を傾けてきたヤクービやラヤチと比べて、ムラベは段違いに高い造話能力をもった青年であった。『何本かの髪の毛の愛』は息もつかせぬ面白さに富み、英語圏の読者に好評を博し、ついにはBBC放送でラジオドラマとして放映されるに到った。この作品が成功すると、ボウルズはムラベの語る物語をさらに英訳し刊行した。『レモン』『ム・ハシシュ』『火を放った少年』『巨大な鏡』『ビーチ・カフェ、声』といった作品集が、こうして一九六〇年代終わりからほぼ二〇年にわたって刊行されることとなった。

わたしはムラベとは、一九八八年に初めてタンジェにボウルズを訪れたとき以来、何度か会っている。側に近づいてくるだけで、キフの臭いが強く感じられた。髭の剃り跡が濃く、ニヤリと笑うその顔には、一癖も二癖もありそうなところが窺われた。彼がニューヨークの女性写真家の卵を誘惑し、タンジェに家を建ててやると約束して大金を巻き上げ、その後始末にボウルズが九千ドルを支払わなければならなくなったのは、その二年後の話である。この詐欺事件のおかげでムラベはボウルズのもとに出入り禁止となったと、後になってボウルズ本人から聞かされた。ムラベの語る物語のトリッキーな面白さは、なるほど本人の生き様そのものであったかと、わたしは妙に感心したことを記憶している。

さて原書ではこの四人の他に、モハメド・ショックリー（一九三五—二〇〇三）の手になる四編の作品が収録されている。ただ残念ながら本人が亡くなり、版権継承者である遺族の反対から版権を得ることができなかったため、今回は見送らざるをえなかった。

ショックリーは極貧の家庭に生まれ、父親の暴力のなかで育ったベルベル人である。一九五二年の反フランス暴動に一七歳で参加し、獄中で文字を覚えた。その後、タンジェでジャン・ジュネやテネシー・ウィリアムズと親交を結び、みずからの悲惨な人生を綴った『裸足のパン』という長編小説でデビューした。ヤクービやムラベと違い、彼の作品は古典アラビア語で綴られている。そのためボウルズが彼の作品を翻訳する場合には、それを本人の口でひとたびマグレブ語とスペイン語に訳してもらったものを、再度英語に直すという順序を踏まなければならなかった。『裸足のパン』には奴田原睦明氏による翻訳があり、その一部は四方田犬彦他編『世界文学のフロンティア』第五巻（岩波書店、一九九七）に収録されている。

わたしは最晩年であったが、生前のショックリーに二度会ったことがある。聞きしにまさる狷介な人物であった。ラマダーンの最中に禁制の酒を呑んで泥酔し、警察に拘留されたとか、これまで千人以上の娼婦と寝たことがあるという。彼の語る「武勇伝」は尽きなかった。彼は無神論を許容することができないイスラム社会を公然と批判し、モロッコ音楽は共同体のための音楽であって、自分が個人的に好きなのはドビュッシーやサティだとも語った。ショックリーは生涯の終り頃、ボウルズ論の書物を発表し、このアメリカ人はモロッコという土地と記憶を愛してはいても、現実にそこで生きている人間を好んでいたわけではないと批判した。ショックリーによれば、妻のジェインの方がポールと比べ、現実のモロッコ人とはるかに深い付き合いをし、モロッコを自分の人生として生きたという。彼の著書のすべてはモロッコでは出版禁止とされて久しいが、いつか版権問題が解決して、ふたたび日本語での翻訳がなされる日を待ちたいと思う。

イルダ・イルスト覚書

二〇一四年の秋のことであった。リオ・デ・ジャネイロのフルミネンサ連邦大学に招かれ、客員教授として日本文化の教鞭を執っていたわたしは、とある偶然から一人の不思議な作家の存在を教えられ、たちまち彼女の創造した世界に魅惑されてしまった。

ある日、わたしは三島由紀夫の『憂国』を取り上げ、彼がフランスの思想家、ジョルジュ・バタイユに負うものの大きさについて論じた。そのとき学生たちの反応を知りたいと思い、バタイユが二〇世紀のブラジル文学に何か影響を与えたことがあるだろうかと、少し挑発的な質問を投げかけてみた。学生たちはしばらく怪訝な顔をしていたが、やがて一人の手が挙がった。大学の文学部でロシア・ポーランド文学を教えている、オルガ・ケンピンスカ教授だった。彼女は、三島とは少し雰囲気が違うかもしれないが、つい少し前に物故した作家にイルダ・イルストという人物がいて、全能の神に対する罵倒とエロティシズム、死への不吉な欲望に裏打ちされた詩と小説を書いた。ポルトガル語で書き、ブラジルではさまざまな文学賞を受けた。作風はかなり実験的であり、さるインタヴューに応えて、もし自分が英語で執筆をしていたら、ジェイムス・ジョイスになってしまっていただろうと語ったという。

これは聞き捨てならない。ぜひイルストという作家を読んでみなければならない。わたしはただちにそう決心して、リオの書店を訪れた。そこには二〇巻からなるイルストの典雅な作品集が、堂々と並んでいた。わたしは『わたしの犬の眼で』という中編小説を抜き取ると、レジに進んだ。自分の拙いポルトガル語ではたして読み通せるかどうか、自信はなかったが、何か運命的なものが自分を呼んでいるような気がしたのである。ケンピンスカ教授はそんなわたしのため、翌日、この作品の英訳を探し出してくださった。英語の力を借りて『犬』を一気に読み終えたわたしは、たちどころに大きな感動に襲われた。いったい何が語られているのか、論理的にそれを再構成することはほとんどできなかったにもかかわらず、一〇代の終わりにベケットの『モロイ』や夢野久作の『キチガイ地獄』といった作品を初めて手にしたときに似た、テクストの肌触りを感じたのである。そこで教授に勧められるままにイルストが遺した何冊かの小説を読み、さらに詩に手を伸ばした。『赤光の虚無』、『冷笑譚とグロテスクな文書』、『呪われた愉悦と敬虔の詩篇』……彼女はなんと奇怪で、謎めいた題名を自作に与えていることだろう。

リオから日本に帰国する長時間の飛行機のなかでも、わたしはひたすらイルストに読みふけっていた。そして『猥褻なD夫人』と『誘惑者の手記』を読み終えた時点で、いつか機会を見て、彼女の文学を日本語に訳してみたいものだと、あてどない望みを抱くようになった。イルストの小説は仏、伊、独、英と、主だったヨーロッパの言語に翻訳されていたが、日本語になったものは皆無である。日本で刊行された大部のブラジル文学史にもまったく記載がなされていない。とはいうものの、いつしかわたしにとって、イルダ・イルストとは、ジェイン・ボウルズやクリスティナ・カンポ、またマルグリット・デュラスや多田智満子に似て、わたしの秘密めいた文学世界の四隅を守る、高貴な女神の一人のように感じられてきたのである。

イルダ・イルスト（一九三〇―二〇〇四）は、サンパウロ州の小さな町ジャウに、ブラジルでもっとも古く、もっとも富裕な家のひとつに、一人娘として生れた。父アポローニオは広大なコーヒー園を経営し、コーヒー男爵の異名を持つ一方で、詩作をよくし、ジャーナリストとしても卓越した活躍ぶりを見せていた人物であった。もっともその妻ベデシルダは二年後にイルダを引き取って離婚した。かねてから統合失調症に苦しんでいたアポローニオは、ほどなくして精神病院に移った。イルダは、一六歳の時に病院に父親を訪問した。それが物心ついた後に父親と言葉を交わした、最初にして最後の機会となった。やがてベデシルダも夫同様に統合失調症を患い、彼と同じ病院で療養生活を送ることになった。イルダが三六歳の時、父親は病院のなかで孤独で悲惨な死を迎えた。

あるいは自分もまた両親と同じように狂気に見舞われるのではないだろうか。幼少時から死の床に就くまで、美しく才気に満ちたイルダを悩ませてきたのは、この恐怖であった。四〇歳を越したころから、少しずつ死んだ母親の声が聴こえてくるようになった。そこで工夫を凝らして死者の声の録音に成功。それだけでは飽き足らず、TVに出演して披露するまでになった。イルダは毎晩、安ウィスキーを夜明けまで呑むのが習慣であった。なぜ呑むのかと訊ねられると、この現実に耐えるためのただ一つの方法だからだと、答えるのがつねだった。

一九四八年にサン・パウロ大学に入学。やがて法学士となったが、文学への思いが強く、弁護士となる道は放棄してしまった。両親から広大な所領地と財産を相続したイルダは、世俗世界における自分の幸運と、霊の次元における深い恐怖との間の深淵を前に、どう振る舞ってよいのかがわからなかったようである。二〇歳代の彼女は、その性的奔放さで有名であったと伝えられている。二七歳で初めてパリを訪れ、半年を過ごす。映画館でマーロン・ブランドを発見したイルダは、絶対に彼と寝てみせると決意し、巨額の金銭をそれに費やした。ホテルのドアマンを買収し、下準備のため、意に添わなかったが、ディーン・マーティンとつきあったりもした。彼女がはたして思いをはたすことができたかは、神のみぞ知るところである。だがゴシップはそこまでとして、彼女の文学的経歴についてきちんと述べておくことにしよう。

一九五〇年代から六〇年代前半にかけて、イルダはもっぱら詩人として活躍している。一九五〇年、まだ大学生時代に処女詩集『前兆』を刊行する。続いて『アルジラのバラード』『祝祭のバラード』……六九歳で発表された『愛について』まで、彼女は二〇冊に及ぶ詩集を世に問うている。もっとも旺盛な創作欲は詩に留まることがなく、六〇年代にはエッセイに手を染め、八本の戯曲を執筆した。

一九六六年に父親アポローニオが亡くなると、イルダはカンピナスの郊外にある母親の所領地にカザ・ド・ソル（太陽の館）なる邸宅を築きあげ、気にいった芸術家と文学者に声をかけて、共同生活を開始した。二年後には海岸地域にカザ・ダ・ルア（月の館）をも建て、二つの邸宅を往復しながら書き続けた。つねに犬をかたわらに侍らせ、その数が百匹を越えたときもあった。イルダは犬たちを前に、あたかも古代の女神へカテやアルテミスのように君臨した。彼女はやがて多くの愛人のなかから彫刻家ダンテ・カザリニを選び、結婚した。二人の結婚生活は長くは続かなかったが、ダンテは離婚の後もカザ・ド・ソルに留まり続けた。その一方で、イルダはゲイの青年たちに囲まれていることを好み、書き上げたばかりの自作詩を彼らに朗読させては、その手直しをすることをつねとした。ある時期からは占星術を深く信じるようになり、グノーシス教からアレスター・クロウリーの黒魔術まで、あまたのオカルト文献に読み耽った。厖大な蔵書をもち、片時も書物を離そうとはしなかった。

一九六〇年代が終わろうとする頃、イルダはいよいよ小説の執筆を開始する。最初の作品『茎のなかを流れる水の噴出』が一九七〇年、『カドシュ』が七三年に刊行される。最初は常識的な言葉で書かれた作品である。だが八〇年代に入って、その作風はガラリと変わる。プロットがほとんど廃棄され、自己同一性も定かでない語り手たちが、死と狂気への恐怖に苛まれながら途切れもない饒舌を重ねるというスタイルへと変容してしまうのだ。

このラディカルな実験精神のもとに、『猥褻なD夫人』(一九八二年)、『わたしの犬の眼で』(一九八六年)が執筆された。だがイルダの書くことへの欲望はさらに進展し、一九九〇年から九一年にかけて、『ローリ・ラウリーの赤いノート』『冷笑譚とグロテスクな文書』『誘惑者の手記』という、〈ポルノ・シック〉三部作が書き上げられる。もっともそれを、はたして一般的な意味での小説と呼んでよいのかは疑問である。本稿の先の方でも触れておいたが、イルダはもし自分が英語で書いたならば、ジョイスになってしまうと広言していた。刊行された短編と長編は、いずれも明確な粗筋をもたず、語り手も曖昧で不安定なまま、ただただ語りだけが進行してゆく。そこには、彼女がジョイスとともに信奉していた、『モロイ』から『名づけられぬもの』へと向かうベケットの影が明確に窺われる。

ここでイルストの代表作である二本の中編小説について、書いておきたい。『猥褻なD夫人』*A Obscena Senhora D*は、一九八〇年から八一年の間に執筆された。DとはDereliction、つまり見捨てること、廃棄することを示すラテン語に由来している。また献辞にあるエルネスト・ベッケルという人物は一九二七年に生まれ、七四年に没したユダヤ系アメリカ人の文化人類学者にして作家であり、その著書『死の否定』はイルダにとって枕頭の書であった。

何と名付けていいのかわからぬものの中心から、わたしは自分が離れていくさまが見えたのだが、それがわたしが聖具保管室に行かなければならないことの理由ではない。わたしはイレ、近親相姦をした罰当たり、エウッドからすればD夫人、わたしは**無、誰でもない名前、**光を索《もと》めて六十年、孤独な盲目のうちに、事物の感覚を索めて過ごしてきた。見捨てることだと、エウッドはいつもいっていた、見捨てること、一度だけで充分だよ、イレ――放棄すること、顧みないこと、それで毎日何だってくりかえし尋ねるのさ、まるで憶えていないのだから、これからはあなたのことをD夫人って呼ぶよ、Dは見捨てる《デレリクション》ってこと。聞いてる？　放棄すること、顧みないこと、わたしの魂は永遠にいつも空無だから、名前が必要なのだ、事物の角や隅を触って確かめる、縁を撫でて内部を調べようとする、形をなぞり、カールや捩れや横糸のぐあいを触り、ズボンのお尻のところでも、膨らみでも、日常に見えるものも、どうでもいい馬鹿馬鹿しいものも、それでも最低限、ある日、光が来る、わたしたち二人のすべての運命がわかるようになる、エウッド、ある日、わたしはわかるようになるのよ。

わかるって、何を？

人生を、死を、そうしたことの原因を

これが書き出しである。これだけでは何のことだか、まったくわからない。どうやら二人の男女が話しているようなのだが、女の方は六〇年間、盲目だったとか、近親相姦をしていたとか、とにかく常軌を逸した言葉を次々と発している。男の方はそれに何とか応じているのだが、二人の関係はどうにもひどく不吉である。

しばらく読み進めていくうちに、少しずつ彼らのことがわかってくる。

この作品を語り始める主人公のイレは、自己にも他者にも過剰なるアブジェクションを抱え込んだ女性である。どうやら彼女にはエウッド（ヘブライ語で愛の意味）なる夫がいたらしいのだが、彼がすでに死んでいるのか、まだ生きているのか、あるいは現下に死に赴こうとしているのかは、よくわからない。語りのなかでは過去と現在が、さながら折り紙のように折り曲げられ接続している。

イレは六〇年間にわたって、ほとんど盲目同然のように、孤独のなかに閉じこもって生きてきた。彼女は世界を見捨て、世界から見捨てられて生きてきた。あるとき突然に光が到来し、人生と死をめぐるすべての原因が理解できるようになった。

イレは邸宅の窓という窓にブラインドを下ろし、隣人たちの好奇の眼をいっさい拒んで生きている。屋敷の階段の裏側に設けられた、穴蔵のような隠れ場所にいつも潜んでいて、そこから途切れることなく喋りつづけている。エウッドが生きていたころから、彼女はいつもそこに隠れていた。彼女は豚のように金切声をあげたり、怒ったり、罵ったりしている。それを近所の隣人たちが群れをなし、そっと家の外から覗きこんでいる。

エウッドは迫りくる死を前に、どうやらもう一度、イレとセックスをし、彼女と霊的な結合を遂げたいと望んでいる。彼は妻の引き籠もりを、周囲にもまた自分にも納得させようとして、彼女が到達した新しい世界認識のあり方を説明しようと試みる。しかしエウッドの熱意に対し、イレは冷たい無関心を示すばかりで、彼の姿を認めようとすらしない。イレにとって世界とは腐敗とアイロニー、猥褻な動物性に満ち、遺棄されるべきものである。彼女は社会を遺棄し、結婚を、そして最後にみずからを遺棄する。果敢にも父なる神に嘲罵を加えたかと思うと、とうの昔に死んでしまった自分の父親に語りかけたりする。

『猥褻なＤ夫人』にはいかなるプロットの進展もない。言葉という言葉は断片的に過ぎ去ったかと思えば、冗長な反復を重ね、語りの時空は自在に変転する。いや、それどころか、数行おきに語り手が目まぐるしく交替する。読者は注意深く読み進まないかぎり、たちまち言葉の混沌のなかに陥ってしまい、自分の立ち位置を見失ってしまうだろう。翻訳では「父親」「父」「お父様」「神」といった風に、文脈に即して細かく訳し分けたつもりであるが、原書では **Pai**（または **meu pai**）という言葉が、イレの死せる父親と全知全能の神のいずれをも示す言葉として、頻繁に姿を見せている。極端な場合には、エウッドとイレ、彼女の父親ばかりか、さらに神までもが同時に現れ、四つどもえで対話を重ねるという、常軌を逸した光景が実現されている。そのため訳者は、あたかも綱渡りでもするかのように、一行一行を慎重に読み解かなければならなかった。

イレという人物の背後に、太陽の館に閉じこもり、狂死した父親の幻影に怯えるイルダの姿を読み取ることは、充分に妥当である。ある意味でイレはイルダの虚構的分身であると見なしてもいいかもしれない。ちなみに本作品を執筆していた時期、イルダは実生活において絶望のどん底にあった。一二歳年下の従弟ウイルソンに強い熱情を懐き、彼をカザ・ド・ソルに住まわせたまではよかったが、この青年が精神に変調を来たし、イルダを監禁して暴力を振るったあげくに、ついに精神病院に強制収容されてしまったためである。イレとエウッドの想像的対話の基調をなしているのが死、喪失、忘却である理由のひとつは、私見によれば、この個人的な受難にあったと思われる。

ちなみに『猥褻なD夫人』の最後に、主人公のイレが立てる叫びは、次のようなものである。

「主よ、わたしを馬鹿ども、白痴どもからお救いください。」

イルダが執筆したもう一冊の重要な小説、『わたしの犬の眼で』*Com meus olhos de cão* についても書いておきたい。

この作品は『猥褻なD夫人』とほぼ同時期、あるいは少し遅れて完成した。冒頭にベッケルの名前が掲げられているのは、前作と同じ。ちなみに「わが友人たち」として他に名前が記されている人物たちを一応解説しておくと、登場順に、作曲家・ピアニスト、理論物理学者、物理学者、数学者となる。エピグラムに用いられたコペルニクスの引用は、どうやらイルダの愛読書であるアーサー・ケストラーの『夢遊病者』からの孫引きであるようだ。その傍らにバタイユの『内的体験』からも、引用がなされている。「わたしは崩壊しつつも、ついに垣間見られた人間の真理、たったひとつの真理は、答のない嘆願であることだと知るのである。」（出口裕弘訳）

バタイユはシオランとともに、イルストがこよなく愛した著者であった。この作品では冒頭から、神と笑いというバタイユ的主題が登場している。

神？　笑いに錨で繋ぎとめられた氷の表面。それが神だった。たとえそうであっても、神はその無に執着を試みた。氷に足を滑らせて宙返りをし、結局は太い鎖綱を見つけ、その笑いの方向へ墜ちていった。神はみずからに触れた。そう、神はまだ生きていた。子供がママに訊ねた。それで犬は？　犬は死んだのよと、ママ。それで子供は、泥濘《ぬかるみ》の地面の一角に身を投げ、金色に染まった頭を曲がったシリンダーに凭《もた》れさせ、息を詰めるかのようにしていった。どうやって死んだの？　どうやって死んだの？

パパはいった。お前、この子は馬鹿だよ。泥濘から連れ出してやるんだ。こいつは死んだ。自分をやっちまったんだと、パパ。こんな風にな。彼は左手の指をしっかりと握りしめ、右手の平らな掌へともっていき、繰り返した。自分でやっちまったんだ。こうして彼は死を迎えた。アモス・ケレス、四八歳、数学者は、低い丘を登ったところで車を停め、ドアを開けて外へ出た。

『猥褻なD夫人』にも勝るとも劣らない、過激な書き出しである。ここでは語り手が、ほとんど一文ごとに目まぐるしく変化しており、少しでも眼を放すと、いったい誰が語っているのか、見当がつかなくなる。死んだのは犬なのか。それとも人間なのか。アモス・ケレスと呼ばれる人物のことなのか。冒頭で神をめぐる独白をした語り手は、その直後の親子の対話と、いったいどのような関係にあるのか。読みだして数行にして、読者は大きな混乱に見舞われることになる。驚くべきは、その混乱が作品の間中、休むことなく続き、さらなる混乱を次々と引き寄せていくことだ。

主人公とされるアモス・ケレスは、四八歳の数学者である。彼は精神に疲労を感じ、大学の学部長からそれとなく休養をとるように勧められる。歯痛はますます酷くなり、結婚と家庭をめぐって失望と後悔は尽きない。あるとき彼は丘の上で、宇宙のすべての謎を解明してくれる啓示を体験する。彼はメス豚を愛し同棲している友人のことを思い、学生時代に通い詰めた売春宿と馴染みの娼婦のことを思い出す。そのあげくに、彼は妻と幼い息子を置いて家を出ることまで決意する。彼は老いたる母親のもとを訪れ、さまざまな追憶に耽る。だがこの中編は、カフカの『審判』以上に不条理で、黒い諧謔に満ちた終わり方をする。アモスは自殺を試みたという嫌疑から逮捕され、絞首台で処刑されてしまうのだ。彼の魂は死に際して精霊と化し、空中を自在に飛び回る。

もっとも試みにこう要約してみたものの、これで正しくこの作品を説明したという自信はわたしにはない。ここに記した概要にしたところで、別人が試みるならばまったく異なったものとなることだろう。深く狂気に苛まれている語る声は一応、自分を数学者であると見なしている。しかし彼の声が分岐し、多重に重なり合っていくうちに、その主体を見定めることはしだいに困難と化してゆく。

主題とされているのは天才と狂気、詩と数学の問題であると、ひとまずは記しておくことにしよう。テクストが始まって間もないころに、バートランド・ラッセルの『神秘主義と論理』から引用がなされていることからも如実なように、ラッセルの神秘主義観が大きく影を落としている。論理という論理を突き詰めていった果てに、恩寵のように降り注がれることになる狂気とでもいうべきかもしれない。もう一人、アルゼンチンの作家エルネスト・サバトの存在も忘れてはなるまい。ある時期、イルダが数学者たちと深く交際があったことが、彼女の神秘主義とあいまって、この作品の執筆の動機となった。

いささか蛇足になるかもしれないが、この作品は、「アモス＝α／笑錨氷表＝Θ＝ϕ」という、謎めいた二行で、唐突に幕を閉じる。これにはやはり注釈が必要だろう。

アモスがαであるというのは、彼の名前をギリシア文字で綴ってみれば瞭然としている。それは語りの起源を示す文字であるとともに、数学ではもっとも一般的に用いられる未知数の記号である。アモスとは内側に未知を抱え込んだ語り手である。これは次の行のΘがタナトス、つまり死を示し、ϕが数学記号で空無を意味していることに、正確に向き合っている。

「笑錨氷表」は、一応そのように訳してみたが、本作品の冒頭、「笑いに錨で繋ぎとめられた氷の表面」を凝縮した表現である。それは文意からすれば神の定義に相応している。ちなみに原文ではSGAR、つまりUma superficie de gelo ancorada no riso. なる冒頭の一行の凝縮である。イルダの作品における言語遊戯について書き出すとキリがないので控えることにしたいが、やはりこの謎文字についてだけは書いておくことにしよう。ポルトガル語ではsgarはesgarと綴るのが一般的だろう。軽蔑すること、シニックに笑うことという意味である。シニシスムがみずからを犬同然と見なし、人間の傲慢を嘲笑する犬儒学派の哲学であることを思い出すならば、ここでも最後に犬が登場していることを忘れてはならない。『わたしの犬の眼で』の終わりは、『猥褻なD夫人』の終わりに宣言された、「主よ、わたしを馬鹿ども、白痴どもからお救いください」という祈りに、こうして共鳴しているのだ。

では、そもそもこの作品はなぜ「わたしの犬の眼で」という、奇怪な題名を与えられているのか？ この問題をめぐってはブラジルの批評家の間でも諸説が唱えられているようである。カフカの『ある犬の研究』に想を得て、「犬」の一語が採用されたのだという説もあれば、イルダ本人が常軌を逸した愛犬家であり、つねに犬たちに取り囲まれていたからだという説もある。だがもっとも興味深いのは、それがエウリピデスの悲劇にいくたびか登場し、『オデュッセイア』の一節にも顔を覗かせている言い回しに基づいているという説である。

あるとき長い航海の途上で、オデュッセウスは冥界を訪れるはめになる。彼は死せるアガメムノンに出会い、彼の口からその死が妻クリュタイムネストラの手によるものであるという真実を教えられる。「わたしが死の床に横たわっていると、この犬の眼をした女はわたしの眼を閉じようとせず、わたしはそのままハデスのもとへ墜ちていった。」フォークナーの『死の床に横たわりて』の題名の典拠ともなったこの一節が、イルダの作品にも大きな示唆を与えていると考えることは、比較文学者に尽きせぬ興奮をもたらすに違いあるまい（ちなみに呉茂一訳では「その犬面の女」となっている）。「わたしの犬の眼をもって」とは、それでは、「わたしを裏切る妻の眼に見つめられながら、わたしは冥府へと赴くことになる」という風に読み解くことができるのかもしれない。だが、いかなる一行にもきわめて両義的な意味が隠されているイルダの作品の意味を、厳密に一元的に決めつけてみたところで、テクストの悦びを窒息させてしまうだけに終わるだろう。日本における最初の読者の一人であるわたしは、イルダがクリュタイムネストラの眼差しのもとに、片時も離れることなく、狂気と死を見つめ続けていることだけを、ここに確認しておくだけに留めておきたい。

イルダ・イルストは生前に、ブラジルで数多くの文学的栄誉を与えられた。一九六二年のサンパウロ・ペンクラブ賞に始まって、パウリスタ芸術協議会賞、ジャブチ賞、カッシアーノ・リカルド賞、サンパウロ詩歌クラブ賞など、その作品のハイブロウな難解さにかかわらず、主だった文学賞を軒並み受けているといえる。ジャブチ賞はさしずめ日本でいえば芥川賞、フランスならばゴンクール賞に相当すると考えてよい。ブルジョワ的な大出版社を嫌い、職人気質の小さな出版社から刊行される作品集は、彼女の生前にはなかなか入手が困難で、ときに稀覯本の扱いを受けるまでになった。とはいえ死の前年、二〇〇三年には全集が刊行された。本来の戯曲はいうまでもないことだが、『猥褻なD夫人』までが脚色されて舞台となり、彼女の詩だけを歌ったCDすら存在している。イルダの文学的実践は、死後もけっして忘却の河《レテ》に沈むことがなく、もはやブラジル文学において不朽の地位にあるといえる。

二〇〇四年、イルダは七四歳で逝去した。カザ・ド・ソルはその後、少しずつ廃墟となっていった。犬たちは四散し、共同生活を送っていた者たちも都市へと戻って行った。そのなかから現在ブラジルを代表する詩人や文学者が輩出したことは特筆に足る。

わたしはいつか「太陽の館」を訪れることになるだろう。廃墟を訪れたわたしには、百匹の犬の亡霊の吠え声が聞えてくるだろうか。もし「主よ、わたしを馬鹿ども、白痴どもからお救いください」という、『猥褻なD夫人』結末の叫びが聞えてくるならば、わたしは幸福に身を打ち震わせることだろう。

アリシア・アロンソ

二〇一三年、わたしはハバナ大学で日本映画の講義をするため、キューバへと向かった。彼の地を踏むのは二度目のことだった。

一五年前と比べ、街角の政治スローガンの表示が後退し、食糧事情はいくぶん好転しているように見えた。わたしは実験映画センターの面々と再会し、若い映画人の作品を次々と見せてもらった。彼らは映画館での公式的な上映にはもはや期待しておらず、互いの作品をUSBメモリに転写し交換しあうことをもって上映の代替行為としていた。ひと月に満たない滞在であったが、わたしはキューバに新しい映画世代が、アンダーグラウンドという形で、逞しく存在していることを知った。

あるときわたしは驚くべきことを告げられた。アリシア・アロンソがいまだに健在で、国立のバレエ学校で現役の教授をしているのだという。

それを教えてくれたのは若い映画作家だった。わたしは彼女に尋ねた。いまだ健在って、いったいアリシアは何歳なのだろう。映画作家は少し考えてから、もう九〇歳はとうに越しているはずだといった。

アリシアが視力を喪ってから、すでに長い歳月が経っている。弟子たちの身振りを直接に観ることはできない。けれども彼女は彼らが立てる足の音を微妙に聴き取って、指導を続けているのだ。わたしは話を聞いただけで、強い畏怖感に襲われた。

ニーチェは舞踏を愛した。神々が崇高であるとすれば、それは彼らが舞踏する者だからだと説いた。神々が死んだとすれば、それは踊りながら、笑いながら死んだということだ。『ツァラトゥストラ』には、随所に踊ることの讃美が記されている。

あるときツァラトゥストラは泉を求め、弟子たちとともに森を過ぎる。彼はひと緑なす草原に出たところで、少女たちがうち連れて踊っている光景に出逢う。踊りとは何か。それは重力という悪魔を平然と嘲り、それに抗う神々しい力のことだ。ツァラトゥストラは弟子たちにむかって、そのように説く。

別のところでは、ツァラトゥストラの影を自称する者が、砂漠に降り立つことの夢想を語る。ヨーロッパは湿気と憂愁、垂れこめた雲に満ちている。しかしここよりはるか遠く、オリエントと呼ばれる地には、清浄な大気と雲ひとつない澄みきった大空が存在している。

ニーチェの変身の夢想。砂漠にはオアシスが点在している。小さなオアシスのなかで、甘く、黄金のように熟れた果実となり、処女たちの尖った白い前歯で齧られるとしたら、何という悦びだろう。

影はいつしか歌い始める。未来を思い煩うことなく、記憶に苛まれることなく、砂漠の椰子の樹の下で踊っている少女たちを眺めていられるとしたら、なんと幸福なことか。踊子はまるで一方の脚を失い、残った一本の脚で踊っているかのようだ。煌きながら翻る、扇形のスカート。椰子の実のような心と胸よ。影はこうした夢想を通して、ヨーロッパ人の「徳」の威厳を嘲笑ってみせる。自分もまたヨーロッパ人であるという事実を後悔し、「アーメン」と呟きながら、自嘲的な祈りを称える。みずからの内側に砂漠を抱いていることは悲しいことだと、彼は旧約聖書の『詩篇』を真似して歌ってみせる。

アリシア・アロンソの映像を見たのは、最初にハバナを訪れたときである。実験映画センターで革命直後のドキュメンタリー映画を調べていたわたしは、教えられるままに彼女の記録映像を見せられた。『カルメン』、『ジゼル』、『ブラック・スワン』、それから若き日の彼女のインタヴューのニューズリール。それは常軌を逸した強度のもとに回転し、跳躍する身体の記録だった。ヨーロッパをはるかに離れ、灼熱の地にあって、一本足で踊り続ける舞踏家。わたしはアリシア・アロンソを通して、ニーチェの理想とした舞踏が、この地上にあってまさに実現されたという確信を抱いた。

ニューズリールのなかでは、アメリカ人の記者が彼女に質問していた。もしダンサーにならなかったら、何をしていたと思いますか。彼女はしばらく考えた後で、答えた。やはりダンサーです。眼が見えなくなるというのは、どういう感じですか。記者はさらに尋ねた。最初は視界のなかに死角が生じて、それが左右の眼で違うので、困ったことになりました。それからモノが違った形に歪んで見えるようになり、ヴェイルが掛かったかのように、曖昧にしか見えなくなる。目の前に何かがあることまではわかるのだけれど、それが何なのかがわからなくなる。これからの人生で何をしたいですかと、記者。アリシアは見えなくなった巨大な眼を見開いて、強い口調で答えた。人生そのものです。

アリシアの舞踏は、端的にただひとつのことを告げている。彼女が重力の魔を生涯の敵とし、それに打ち勝ったという事実である。奇しくもわたしが観た演目の一つは『カルメン』だった。そう、「ドイツ帝国化」したワーグナーと訣別して以来、ニーチェが愛好してやまなかったビゼーの音楽による舞台である。

深い朱を湛えた壁を背景に、みずからも沈朱の衣装をつけたカルメンが登場する。彼女は腰を少し屈め、獲物を狙う野獣よろしく待機している。誘惑的な巨大な眼。だが突然、大きく跳躍し、空間を切り裂くかのように前後左右に移動すると、挑発的な身振りを繰り返す。相手役のホセが登場する。彼は直立不動の姿勢で正面を向き、カルメンの誘惑に動じない。カルメンはひとたび舞台の陰に引きさがり、右足だけを扉の隙間から差し出してみせる。次に全身を露わにし、これみよがしにホセを挑発する。棒のように直立するホセに体を巻き付けたかと思うと、顎を擡げ、まるで海に飛び込むかのように、一気に彼に絡みつく。二人は一瞬、抱擁する。だが彼らは極限にまで顔を近寄せながらも、接吻だけはしない。濃厚なエロティシズムと冷気とが、そこには絶対的な法則であるかのように隣り合って存在しているのだ。

次の場では、カルメンは物憂げに椅子に腰かけ、スフィンクスを気取っている。背後には巨大な牡牛の絵。カルメンはゆっくりと両足を展げ、踵を足に擦りつける。ホセが音もなく近づいてくる。二人は組んで踊り出すが、カルメンは毅然とした表情を崩さず、ホセの動きと溶けあおうとしない。彼女の動きの隅々に、冷たい諦念が走っていることが見て取れる。

やがて彼らは組み合って踊りだす。ホセに腰を抱えられたカルメンは、細い片脚を高々と、ほとんど垂直になるまでに挙げてみせる。彼女はコンパスと化し、二本の脚でみごとに円を造り上げる。やがて複数の男女が登場し、男たちは競争心を剝き出しにして競い合う。カルメンは黒い影のような女につき纏われる。ホセを牽制し挑発する。中膝を折り、片手を膝に置いて、さあ来いといわんばかりに、じっとホセを見つめる。彼女はふたたび高く持ち上げられ、一本の線に、次にそれが分岐して、三本の線となって、最後にとうとうホセと接吻をする。舞台に鏡が持ち込まれた。カルメンとホセの姿は無限に増殖し、いつしか巨大な二本の角をもった黒い牛の首が、舞台の背後に出現する。カルメンは床に転がされ、毅然とした表情で起き上がり、やがて黒い影とともに息絶える……。

レサマ・リマは書いている。

「彼女は世界の創造の日に立ち会うことができた。同じように、われわれもまた一日の始まりに居合わせたといってもよい。アリシア・アロンソは若き日にも、成熟した後も、篝火と最初の曙光の間、つかの間の時間に踊ることができるのだ。彼女の芸術は未来のあらゆる可能性と、海辺で開かれる喩えようもない祝宴の間にある。逆説的なことではあるが、彼女のうちに、紛うかたなき深さのもとに築き上げられた基盤と秘密とが、彼女を生成の挑発へと向かわせるのだ。」

過剰なまでにバロック的装飾に満ちた長編小説『楽園』の著者であるレサマ・リマは、さらにゴンゴラの詩句を引用しながら、舞踏家に讃美の念を表している。
「来たれ、婚礼の神《ヒューメン》、汝を待つ、／眼をもち、翼なき……」

アリシア・アロンソは一九二〇年、富裕な軍人の娘としてハバナに生まれた。幼少時にスペインでバレエの手解きを受け、一七歳でニューヨークに、さらにロンドンに移ると、ヴォルコワに師事した。その後、二〇年近くにわたりアメリカン・バレエ・シアターで活躍し、ダンサーのみならず、コレオグラファーとしても多くの作品を創造した。一九五二年には「プリマ・バレリーナ・アッソルータ」の称号を授与される。これはバレエ史上で五人目のことであり、彼女が三〇歳を越してまもなくの時点で、はやくも伝説のバレリーナの域に到達していたことを示している。だがその一方で彼女は故郷ハバナでバレエ団を組織し、キューバ革命が起きるとアメリカを引揚げ、バレエ教育に邁進した。バレエを白人の特権階級から奪還し、革命文化として定立させることが目的だった。一九七二年にはパリのオペラ座で『ジゼル』を新たに演出し、みずからも踊ってみせ、さらなる脚光を浴びた。わたしが最初にハバナを訪れた一九九八年、彼女は七八歳という高齢にもかかわらず、キューバ国立バレエ団の芸術監督として後進の育成に情熱を注いでいた。わたしが会ったキューバ人は、誰もが彼女の名前を、高貴な聖遺物のように口にした。

畏怖感は、単にアリシア・アロンソが「アッソルータ」、つまり「絶対的な」バレリーナであることにのみ由来していたわけではない。彼女は、そのはるか以前から視力を喪失し、盲目の舞踏家として舞台に立ち続けていた。

眼に異変が生じたのは一九歳のときだった。アメリカで撮影されたニューズリールでは、当時の彼女がインタヴューに答え、これから受けようとする手術に希望を託すと語っている姿が記録されている。だがいくたびもの手術と治療にもかかわらず、彼女の網膜は剝離したまま、回復することができなかった。アロンソは視力の助けを借りず、舞台に立ち続けた。驚くべきことに、何十年にもわたって。彼女は数々の栄誉をわがものとし、古典バレエの新解釈を披露し、困難にもめげず、革命に賛同するバレエ学校を続けた。

二〇一六年になって、わたしはスイスの監督が撮った、もっとも新しいドキュメンタリーを観る機会があった。アリシアに憧れ、国立バレエ学校の厳しい進級試験に挑戦する、一四歳の少女の眼を通して、アリシアについて語ったフィルムである。アリシアは高齢をものともせず、右手を大きく挙げ、並みいる生徒たちを指導していた。眼は閉じられていたが、それはつねに稽古場の少女たちに向けられていた。

舞踏はときおり人を不死にする。わたしはこの真理を考えるたびに、いつも眩暈のような気持ちに襲われる。虚空を一瞬にして横断し、目にも止まらぬ速さで回転してみせる舞踏家たちは、そのあまりに瞬間的な身体の集中のあたかも代償であるかのように、たとしえもなく長大な時間を生きることを許されるのだ。最晩年の大野一雄のことが思い出された。彼もまたほとんど視力を喪失していたにもかかわらず、舞台に向けられた照明を満身に浴びながら、恍惚とした表情で踊っていた。わたしはアリシア・アロンソにもその恍惚が、恩寵のように降り注いでいることに気づいたのだった。

アナ・メンディエータ

最初の写真は「強姦」と名づけられている。

場所は定かではない。枯れた灌木の繁みのなかに、女性の軀が俯せになって放置されている。上半身は着衣のようだが、下半身は剝き出しにされ、大きく拡げられた両腿と尻には、生々しく鮮血がこびりついている。彼女が生きているのか、死んでいるのかはわからない。ただ明らかなのは、強姦がつい先ほど、行われたばかりだということだ。葉の落ちた灌木の、瘦せて曲がりくねった枝には、ところどころに棘が生えていて、光景の傷ましさをいっそう強調している。

一九七三年、アナ・メンディエータがアイオワ大学で修士号を得た直後の、写真作品である。血の代わりに赤ペンキが用いられ、作家本人が自演した。

メンディエータはその前年あたりから、自分の身体を素材に、ヴァルネラビリティ（攻撃誘発性、やられやすさ）を主題とした写真・ヴィデオ作品を発表していた。死んだように眼を閉じている本人の額から、たらりと流れ落ちる血。いくたびも激しく殴られたと思しき顔の、額や鼻、口元から垂れてくる血。ガラスを強く押し付けたために、醜く歪んでしまった乳房と尻。髭だらけの男の髭を切り分けてもらい、自分の鼻筋に植毛してみせたセルフポートレイト。「チキン・ピース」という映像作品では、白い壁を背に全裸で立ち尽くす本人が、強い恐怖に襲われた表情で、二人の男から鶏を受け取る。彼女は両手に断末魔の羽搏きを感じながらも、鶏を絞め殺す。

こうした一連の作品にあって、血は醜聞であるだけではなかった。血はメディアとしての意味を宛がわれていた。メンディエータは、ふたたび白い壁にむかって近づいてゆく。壁にむかい、指についた血で「わたしの軀に悪魔がいる」と記すと、そのまま去ってゆく。「強姦」は、彼女が最初に外界の自然のなかに、みずからの裸体を投げ出したものとして記憶されるだろう。この作品が与えた衝撃には大きなものがあった。

もっともメンディエータは「強姦」から出発したからといって、みずからのアートを社会告発的な方向へと推し進めはしなかった。男性中心社会に遍在する暴力を糾弾したり、被害者としての女性の連帯を声高に叫ぶために、芸術を援用するという発想には、毅然とした距離をとっていた。彼女はまた、(後にシンディ・シャーマンが方法化するように)女性としての自我をエスニシティや歴史的記憶、美とグロテスクの二項対立、社会的禁忌といったものと関係づけて、演劇的に表象することにも無関心であった。メンディエータの心を捉えていたのは、大地四大の元素《エレマン》にむかってみずからを供儀に付することであった。

七〇年代の中ごろ、メンディエータが熱中していたのは、自然のなかに祭壇を求めては、生贄の儀礼を反復するという作業である。彼女は巨樹の前に立つと、年ふる樹皮と同じ色の塗料を全身に塗り、両手を掲げて樹木の精霊に同一化しようと試みた。岩だらけの荒地に巨大な暗い窪みを発見すると、その傍らでやはり全裸となり、白く小さな花々で全身を覆った。荒地のなかにみずからを埋葬しもした。「大洋に打ち上げられた鳥」という作品では、長く波間に漂い、浅瀬に漂着したと思しき鳥を演じた。また何百枚もの花びらを人間の形に固めて河に流し、その形態が刻々と崩れていくさまを記録した。みずからの軀を、地に、水に、空に投げ与え、自己の無化を通して世界を肯定すること。最後に用いられたのは、火による爆破である。

こうしたミニマルな供儀の実践を通して、彼女は「強姦」における女性の殺害に神話的な衣装を施す方向を選択した。殺された「わたし」は、社会的告発のための証拠物件として消費される方向をとらなかった。それは殺害されたがゆえに、大地に豊饒を約束することになった女神へと変容する道を辿った。

「オチュン」と題されたアースワークが、映像として残されている。カリブ海の全域からブラジルまでの広い地域において、かつて奴隷としてアフリカから連行されてきた者たちが信じた神の名だ。彼らは苛酷な生活のなかでも故郷の神々を忘れず、儀礼を絶やさなかった。「オチュン」は端的にいって、もっとも霊験あらたかな女神を示す言葉である。ここでは砂浜の浅瀬に、一対の女神像が砂で象られている。といっても手も足もなく、頭部らしきものが向かい合っているだけの、きわめて素朴な形象である。蛇か原生動物のようだといってもよい。やがて潮が満ちてくるにつれ、女神像は波に洗われては少しずつ崩れ始めてゆく。夕陽の残照が波に細やかな光の鱗を描いてゆくなかで、女神は姿を隠そうとしている。メンディエータはその過程をカメラに収録し続ける。水と土の境界にあって無償に現れては、無償のままに姿を消してゆく女神……。

わたしにはそのすべてが、女性器の隠喩に見える。

長らく「今、ここで」なされたパフォーマンスと、その映像記録という形態をとっていたメンディエータのアートは、その後、時間意識において大きな変容を体験する。供儀を実践し、それに立ち会うことではなく、供儀がなされた後の痕跡を、作品として提示することに、重点が置かれるようになる。はかなげに移ろってゆく実体ではなく、その実体が現実に特定の空間を占拠し、空間の変容に携わったという事実を告げる残痕。スペイン語で「シルエタ」（シルエット）と呼ばれる連作が、こうして開始された。

ここではもはやメンディエータ本人の軀は登場しない。その代わりに枠が組まれた地面の中央に、人間の形をした窪みが設けられたり、盛り土がなされていたりする。窪みに泥水が溜まり、木乃伊のように全身を布で包《くる》んだ人形が、小刀や槍を突き刺されて浮かんでいたりもする。日本の前方後円墳よろしくかわいらしく土が盛られていたり、窪みのなかから煙が立ち上がっていたりもする。何者かがそこに埋葬されているというメッセージが、こうした展示からは強く感じられる。それらは墳墓であり、何者かが来るべき再生のために眠りに就いている場所なのだ。だが同時にそれらは草叢や荒地に囲まれ、ともすればその存在が草や瓦礫に覆われてしまう場合もないわけではない。死を司るのも、死から再生を導き出すのも同じ自然なのだという認識が、そこからは窺われる。

アナ・メンディエータ
『ヤグルのイメージ』（1973）

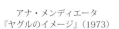

一九八〇年代にメンディエータはアリゾナのオールドマンズ・クリークやメキシコのオアハカの古代神殿の跡地に彫刻を施し、それを写真にとってエッチング処理するという、一連の作品を発表している。柔らかい粘土質の石灰岩に掘りつけられた文様や図形は、いずれは雨風に晒され、痕跡を留めることなく消えてしまうであろう。だがそれらは、あたかも古代人の手になる洞窟絵画や磨崖仏に似て呪術的な雰囲気をもち、大地と人間との関係を改めて見る者に問いかけている。石器時代の大地母神を象ったような図形がある。人間の輪郭にむかって沢山の槍傷がつけられたものがある。わずかに植物が繁るばかりで、すっかり剝き出しとなった石灰岩の壁に刻み込まれた図形は、全体が女性器を意味しているようにすら見える。メンディエータはこうして風景に手を施し、性化された世界を現出してみせた。

アナ・メンディエータは一九四八年、アフリカ系キューバ人を両親としてハバナに生まれた。父親は熱心なカトリックであったが、カストロの腹心の部下として、革命後は国務大臣の要職に就いた。彼は革命政府が教会の弾圧を始めたとき、それに異を唱え、反革命の罪で下獄した。一四歳の少女アナは、父親の意志によってマイアミに送られた。最初にアメリカの飛行場の地を踏んだとき、彼女は感動のあまり、大地に接吻をした。

幼くしてなされた亡命は、受難の始まりであった。アイオワの少女寄宿舎に送られた彼女は、厳格なプロテスタント主義に基づく抑圧的な雰囲気に馴染めず、深く精神を傷つけられた。アイオワ大学に進学するとアートを志し、さまざまな実験を繰り広げた。このエッセイの冒頭に説明した「強姦」をはじめとして、みずからの軀を果敢にも駆使してなされたパフォーミング・アートが、この時期に集中的に創作された。

ニューヨークに到着すると、フェミニスト・アートの面々による歓迎を受けた。自分の経血を用いて文字を描き、芸術における男性中心主義を批判するといった手法が、時代のモードとして喝采を受けていた時期のことである。だがメンディエータは、彼女たちの群れに与することには、どうやら若干の抵抗を感じていたようである。自分がアフリカ系であるという出自を背負い、しかも政治的な理由から図らずも難民となり、家族から無残に引き離されてきたという事実が、彼女を華々しい文化流行へ飛び込むことを躊躇させた。だがその一方で、出自が彼女をして、キューバ黒人の間に今でも伝承されているサンテリア信仰へと接近させたことも事実であった。父祖の神々たちは、彼女が自然と交感する際に、大きな加護を与えたのだった。

政治的次元において故郷を追放された者に許されていることは、二つしかない。ひとつは不断にして困難な解放闘争に身を委ねることである。もう一つは、現実の時間秩序を大

き く 凌駕する時間、いうなれば神話的な原型的時間のもとに、おのれの起源を絶対的に回復することである。メンディエータが選んだのは、後者であった。彼女は大地に横たわり、供儀を司る巫女を演じるとともに、供儀に付される生贄をも演じた。好んで荒地や湿地帯を訪れ、軟らかい岩を見つけて彫刻を施した。大地はたちまち神聖なる女陰として、彼女の前に立ち現れてくるのだった。

三七歳にして、メンディエータの生涯は突然に中断される。結婚をした直後、夫の眼前でアパートの窓から転落死を遂げたのである。それが自殺であったのか、事故死、もしくは他殺であったのかは定かではない。生涯をミニマルな供儀に捧げた芸術家は、一世一代をかけて演じた供儀としては、そこにはいかなる神聖なるものも乱すことができないためである。

アナ・メンディエータのことが急に身近に感じられたのは、数年前、サンドラ・ラモスに会いに、マイアミを訪れたときだった。このキューバの美術家は、しばらく前から国を脱出し、ハバナから海を隔てること、わずか三百キロしかない対岸にスタジオを構え、創作に邁進していた。マイアミにはすでに半世紀以上にわたって、巨大なキューバ人集落が形成されている。

市内の行政中心のかたわらには、フリーダム・タワーといって、一七階建ての塔が建っている。ヴィクトル・ユゴーの幻想画にでも登場しそうな、みごとにゴシック様式の塔である。長らく新聞社として用いられてきたが、キューバ革命が生じると、難民の入国審査の場所となった。革命政府に私財を没収された難民たちは、ゴムボートや小舟に乗ってマイアミに到着すると、まずここに出頭して、缶詰の野菜と脱脂粉乳を支給される手続きを受けた。

わたしが訪問したときには入国審査のラッシュはとうに終わっており、塔はキューバ難民博物館になっていた。そこでわたしは、名前だけはかねがね聞いていた「ピーター・パン作戦」について、写真展示を見た。

「ピーター・パン作戦」とは、マイアミのカトリック神父の発案によって、一九六〇年から三年間、ハバナの子供たちを「救出」し、飛行機でマイアミまで送り届けるという作業のことである。キューバ危機によってこの作戦は中断されたが、一万四千人の子供がこうしてアメリカに渡った。革命後の社会に不安を抱く親たち（その多くはカトリック教徒）が、わが子をこの作戦に参加させた。ひとたびマイアミの地に渡ってしまえばもう一生会えないと覚悟しながらも、彼らはその決断をし、それまで何不自由なくキューバで過ごしていた少年少女たちは、四五分の飛行の後、孤児として「自由の国」に到着した。彼らはまず寄宿舎に入れられ、それから合衆国中の家庭に養子として貰われていった。子供たちは幼すぎて、誰も作戦の意味を理解してはいなかった。

展示されている写真や両親の手紙を見るだけでも、この作戦の痛ましさが感じられた。子供たちは文字通り、キューバの地から根こそぎにされ、言葉も、習俗も、信仰もまったく異なる異邦の地へ、まったく孤独なままに送られてきたのである。展示の最後には、この作戦でアメリカ人となった著名人のリストが掲げられていた。わたしはその中にアナ・メンディエータの名前を発見した。そうか、彼女の出自がキューバであるとは聞いていたが、こうした惨たらしい経緯によって合衆国に渡ったのか。それを知ったとき、わたしは大地へみずからの身体を供儀に付すという、彼女の過激なパフォーマンスの意味するところが、いささかなりとも理解できたような気になった。アナ・メンディエータは、根を下ろすべき土地を探していたのだ。

アナ・メンディエータが砂浜に、湿地帯に、荒地に、洞窟に残したものは、制作されるや、次の瞬間には消滅してしまう類のものであった。石灰岩に掘りつけられた刻み目も文様も、打ち続く風雨が、すでにとうの昔にそれを削り取ってしまったことだろう。だが、彼女が瞬間のうちに実現させた供儀の時間だけは、おびただしい映像のなかに痕跡を残している。それは痕跡の痕跡として、この地上にいまだに聖なるものが顕現（ヒエロファニー）することがありうるという真理を、われわれに語ってやまないのである。

シオラン

第一次世界大戦が始まる少し前、カルパチア山脈の小さな村にひとりの子供が生まれる。父親は東方正教会の司祭である。息子は神秘家を目指したものの、それに挫折すると無神論へと向かう。彼は洗礼名を否定する。とはいえ生涯にわたって宗教、とりわけ狂信家への関心を保ち続ける。これがシオランの来歴の始まりである。

やがて彼はドストエフスキーとシュペングラーに夢中になり、西欧文明の没落は近いという啓示を受ける。最初に著作『絶望のきわみで』を発表したのは二二歳のとき。彼はたちどころにルーマニア語の世界で哲学者として扱われるようになるが、自国の文化の貧弱さが気になって仕方がない。一度は教職に就いたものの、生徒の前で道化を演じることに耐えられず、ただちに止めてしまう。

一九三四年、ベルリンに滞在していた彼は、たちまちヒトラーに夢中となる。ルーマニア人とは血を水で割ったような連中だと友人に書き送り、祖国を文化強国にするにはドイツに倣って非理性的な情熱に訴え、即時に暴力的な改革を行うしかないと信じる。こうして『ルーマニアの変容』（一九三六）という著作が書かれた。この書物の基調をなしているのは、理想国家をいち早く樹立したいという、強いユートピア的衝動である。

ここで運命の皮肉が生じる。書物の刊行直後、パリに給費生として赴いた彼は、祖国が枢軸に参加したことを知る。それどころか、ナチスドイツが滅亡すると、ルーマニアはソ連の衛星国として社会主義国家になってしまったのだ。もはや帰国することはかなわない。彼はパリでルーマニア語と訣別し、フランス語で書くことを心に誓う。無国籍者として、いかなる職業にも、いかなる共同体にも加わらないことを宣言する。こうして極貧の生活のうちに『崩壊概論』（一九四九）が刊行された。

『歴史とユートピア』はシオランにとって四冊目の、フランス語の著作である。この書物は一九六〇年に刊行されるや賞を受け、フランス語圏の読者層に彼の名前を強く印象付けることになった。シオランの日本語翻訳はこの書物をもって嚆矢とする。今からちょうど半世紀前のことで、発見者であるフランス文学者、故出口裕弘の炯眼に敬意を感じずにはいられない。

ユートピア、つまり地上に理想社会を建設したいという理念は、プラトン以来、マルクス、レーニンに到るまで、西欧社会に取り憑いて離れない願望である。シオランはこの思潮に対し、真正面から強い拒否の姿勢を見せる。カンパネルラからフーリエ、モリスまで、ルネッサンスこの方、一九世紀までに執筆された夥しいユートピア文学を渉猟した結果、彼はそこに描かれている悪の不在と嗅覚の欠如を論《あげつら》い、人間がすべてロボットと化してしまう環境に深い違和感を表明する。ユートピアでは闇が禁じられ、光だけが許容されている。異常者や異端者、畸形は存在を許されない。だが、われわれ人間はつねに苦悩に苛まれ、首まで悪に漬《つか》っている。どうしてこうした管理と秩序の世界で生き永らえることができるだろう。ユートピアとは所詮、効率のよい労働が最優先される収容所に似た社会であり、「青臭い合理主義と俗化した天上憧憬との混合物」に他ならない。ユートピアの記述においてシオランが唯一認める例外とは、『ガリヴァー旅行記』でスウィフトが描いた、あの希望なき馬の国ばかりである。

本書が最初に日本で刊行されたとき、高度成長のさなかにあって、オリンピックの後は万国博だと、楽天的な未来信仰を信じて疑わなかった当時の日本人は、こうしたシオランの反ユートピア主義をどのように受け取ったのだろうか。怨恨、復讐、棄教、苦渋、厄難、熱狂……一般の哲学書にはけっして登場することのないこうした語彙の連続に当惑し、おそらく偏屈な屋根裏の哲学者の寝言程度にしか思わなかったのではないか。初めての英訳を書評したエドワード・サイードにしても、亡命者の言説として尊重はするが、当惑は隠せなかったようだ。

だがこう書きつけた瞬間、わたしは同じ問いを現在の日本人にも投げかけてみたい気持ちにも襲われている。あれから半世紀の間には、実に多くの出来ごとがあった。ソ連邦がみごとに崩壊し、共産主義の理念は地に落ちた。環境汚染が進行し、福島の惨事を体験した後の日本では、ひところ流行した「人類の進歩と調和」という標語を無邪気に口にする者はもはやいない。シオランの主張は予言的なものとして受け止められるだろう。

今日ではシオランの著作は、ほとんど断簡零墨にいたるまでが日本語に翻訳されている。われわれは彼が若き日に『ルーマニアの変容』において極右思想への接近を唱えていたことすら、すでに知っている。おのずから『歴史とユートピア』についても、別の読み方が可能となるだろう。久しぶりに再読をして、わたしはこの書物のなかにシオランの大いなる悔悟を感じた。これは若き日にヒトラーに倣って祖国の変革を夢見たみずからへの、自戒としての著作ではないだろうか。本書のなかにある「痙攣的嘲笑と魂の晴朗との間」という表現は、まさに彼の自己認識のありようを物語っているように思われる。

ボルタンスキー

ボルタンスキーは自分が同時代人として共感する二人の芸術家、アンゼルムス・キーファーとタディウシュ・カントルについて、興味深い評言を残している。

キーファーは戦車に乗って殺戮する側の不幸を描き続けた。カントルは悪賢く生き延びるポーランドの百姓を演じ続けた。そして自分はといえば、小さなスーツケースを抱えて逃げ出し、結局は殺されてしまう、弱いユダヤ人の役だ。三人はそれぞれの立場から同じ物語を語っている。この三人を集めた展覧会がどこかで実現できないものかと思う。これがボルタンスキーの構想である。

ボルタンスキーに関しては過去に名古屋と水戸で大掛かりな個展が開かれ、湯沢英彦による浩瀚な内容の作家論が上梓されているから、日本は幸福な受け容れ方をしたと思う。写真や古着、電球やビスケット缶を何十となく並べたインスタレーションのもつ、静謐にして神秘的な雰囲気を記憶している人は少なくないはずだ。わたしもまた長い間、その世界の核をなす記憶と匿名性と死の主題に深く心動かされてきた。だが彼の世界に深く魅惑されても、それがいかなる出自と来歴のもとに成立したものかがよくわからなかった。このたび翻訳された自伝的インタヴューは、その間の事情を余すところなく伝え、彼がトラウマ的記憶とそこからの救済という今日的主題に深く関わる芸術家であることを語っている。

ボルタンスキーとカトリーヌ・グルニエの共著『クリスチャン・ボルタンスキーの可能な人生』（佐藤京子訳　水声社）によれば、ボルタンスキーは亡命ロシア人系のユダヤ人医師を父とし、フランスのブルジョワ出身の作家を母として、一九四四年にパリで生まれた。母方の親戚はユダヤ人と結婚した母と没交渉となり、父方の同僚は戦時下で彼を密告したことから疎遠となった。一家を訪れる知り合いの多くはホロコーストの生存者であり、幼いボルタンスキーはユダヤ人であることが恥ずかしくてたまらなかったと告白している。

「二、三歳の頃、僕は一日中通りを歩く人たちを眺めていた。僕は強制収容所で六百万人が殺されたことを知っていたから、『みんな死んでしまった』って言いながら通行人の数を数えていた。六百万人というのがどういうことか理解するためにね。……でも大虐殺は今でも続いているし……」

さりげなく語られているが、悲痛極まりない告白である。ボルタンスキーは自分の幼年時代の追憶を復元することに情熱を傾ける美術家として一般的に認識されているが、本書を読めば、それが本来の自分の記憶を消尽にいたらしめ、匿名性のうちに解消させてしまう意図の実現であったことが理解される。痕跡を残すことと、痕跡から立ち上る記憶から解放されること。この相反する思念が彼の創造性の根源にあることが判明する。ボルタンスキーがみずからのユダヤ性を受け入れるようになったのは、芸術家として成功した後、ようやく父親が逝去してからのことであるという。

ボルタンスキーとは一九九四年の夏にパリで会ったことがあった。佐藤京子さんから会う前に、作詞家の小林亞星と勝新太郎を合わせた感じの顔だといわれていたら、会ってみるとオニギリ頭の角刈りで、はたしてそうだった。

パリでまず足を向けるべきなのはジェズイット会の本部の一室に設けられた東洋殉教の間で、チベットからヴェトナム、日本まで、アジアのあちらこちらに布教に行った宣教師たちがいかに酷い拷問にあったかを、油絵で再現したり、証拠品を展示したりして説明している。ほとんど誰も訪れる人はいないのだが、鬼気迫る雰囲気のところだからと推薦された。

ちなみに彼は一年に二度ほどしか入浴しないというといい、そのせいか夏になると小さな虫が軀に涌いてしかたがないと、冗談とも本気ともつかないことをいう。笑いながら背中を掻き出したので、レストランのギャルソンが怪訝そうにこちらを眺めていた。入浴の拒否は、ドイツ占領下の時期に一家の床下に隠れ続けた父親の残した教訓であったという。別れしなに彼は小さな本にサインをして、わたしに渡してくれた。猟奇殺人の加害者と被害者の子供のころの写真をごちゃまぜにコラージュして、判別がつかないように提示した本だった。

ボブ・ディラン

1

深圳《シェンチェン》に行くのは簡単だ。上環《ションワン》からフェリーに乗ればすぐだと、也斯《イエース》がいった。一度も行ったことがないのなら、連れてってやるよ。

也斯は香港文学を背負って立つ批評家で、詩人でもある。香港が中国に「返還」された年には、慌てふためく大学人たちを諷刺した小説を匿名で発表し、侃々諤々の議論を引き起こしたこともある。わたしたちは『いつも香港を見つめて』（岩波書店）という本をいっしょに執筆するために、お互いに東京と香港を案内しあっていた。

なるほど、深圳に到着するには手間がかからなかった。蛇口《シューコウ》の波止場に着くとバスに乗り、旧市街へと向かう。城門を潜れば賑やかな下町だ。商店街があり廟がある。中年女性が小さな祠の前で一心に祈っている。裁判所の古い建築が残っている。かつては阿片窟であったという案内板のある建物もあった。わたしたちは潮州料理店に入り、魚と豆腐を食べた。

料理屋を出てしばらく歩くと、街の雰囲気が少しずつ変わってきた。墓所を通り過ぎたあたりから、空間に落ち着きがなくなってきたような気がしてくる。布袋や観音の巨大な石像が林立している。石像はどれも真新しい。看板絵の文字の巨大さだけが目立ち、時間の緻密な蓄積が街角に感じられなくなる。このあたりはたぶん蠔田だったんじゃないかなと、也斯がいう。オイスターの養殖場のことだ。

深圳はつい半世紀前まで、珠江デルタ地帯に点在する漁民の集落のひとつにすぎなかった。それが香港に隣接していることから経済特区に指定されると、たちまち大発展を遂げた。現在では人口一五〇〇万を抱え、中国第四の大都市である。当然のことながら、街角の光景も一変する。わたしたちが散策している旧市街を一歩出ると、西新宿のように高層ビルが立ち並んでいる。

わたしたちはみごとに道に迷ってしまった。振り返ってみても、元来た道がわからない。也斯は次々と通行人に道を尋ねる。だが誰も彼の広東語を理解しない。深圳は中国全土から人々が流入して急速に作り上げた都市なので、現地の言葉を解する人が稀少なのだ。書店に行って地図を入手したが、これも役に立たない。この都市では半年おきに市街図は更新されているらしく、最新版がまだ刊行されていないからだ。わたしたちは何回も同じ廟の前を通り、商店街を右往左往した。

困ったことになったなと、わたしは思った。香港と中国の境界に置かれた出入国管理事務所を午後五時までに通過しておかないと、単なるパスポートしか所持していないわたしは厄介なことに巻き込まれてしまう。だが心の焦燥と裏腹に、鉄道駅の方向がいまだにわからない。夕暮れの街角はますます混雑の度合いを増していく。

ここから抜け出せる道が絶対にあるはずだ。道化が泥棒にいった。

突然に也斯が歌い出した。ん？　なんだ、これは？　どこかで聞いたことがあるぞ。ひょっとしてボブ・ディランじゃないか？

わたしは反射的に次の歌詞を歌っていた。

ここはメチャクチャすぎる。救いがない。

也斯がその後をハミングし、さらに続けた。

そうムキになるなよ。泥棒が親切に教えてやった。

そこでわたしたちは声を合わせた。

俺たちのなかにもいっぱいいるはずだ。

人生はジョークだなんて思っているやつらが。

ボブ・ディランの歌を思いつくかぎり、めちゃくちゃに歌っているうちに、少しずつ勇気が出てきた。午前中に通ったはずの、見慣れた通りに出ることができた。ここを真っ直ぐに進めば絶対に鉄道駅に出られるぞ。安堵したわたしたちはさらに高歌放吟を続けた。といってもディランの場合にはメロディーラインなどあってなきがごとしだから、ただただ知っている歌詞を投げつけるように叫んでいただけだ。わたしの記憶はいい加減なもので、どんな曲でも出だしは憶えていてもすぐにハミングになってしまう。也斯は違った。三番まできちんと歌詞を憶えている。わたしたちは五時前に列車に乗ることができた。

いったいどうしてそんなに正確に憶えているんだい？

列車が香港の九龍塘駅に着くころ、わたしは也斯に尋ねた。

実はぼくはボブ・ディランの中国語訳者なんだよと、彼。

あれは一九七八年の夏のことだった。西海岸での留学を終えて香港に帰るとき、日本に立ち寄ったんだ。ひと月ほどであちこちを廻った。それで最後に日本武道館でディランのコンサートを聴いた。ああ、これで自分のアメリカ留学は完結したのだなという気持ちになった。

このときの体験がきっかけとなって、香港に戻るとディランの訳詩を手掛けるようになったと、也斯は語った。

もっともわたしはその翻訳を直接に眼にしたことがない。いつか見せてやるよといっておきながら、彼はあっけなく亡くなってしまった。わたしたちの共著は、最初に日本語版が、次に中国語版が刊行された。だが、也斯本人は後者を手に取ることがなかった。彼が病床で紐解いていたのはディランではなく、『詩経』だった。

2

ボブ・ディランの歌の内容がいくぶん身近に感じられ、その皮肉の度合いが理解できるようになったのは、一九八〇年代の後半をニューヨークで過ごしたときである。理由は簡単で、日常生活においてアメリカ社会の俗悪さというものを嫌になるほど目撃したからだ。

わたしは夏の地下鉄駅に立ち込める小便の臭いに慣れた。チェアガールズを先頭に立て、街角を行進するブラスバンドの騒がしい演奏に慣れ、五番街を歩いている白人の高ピー女の、底なしの馬鹿ぶりに慣れた。おそらくこうした体験がなかったとしたら、わたしは『ライク・ア・ローリング・ストーン』や『ジャスト・ライク・ア・ウーマン』といった曲の基調にある、いかにもアメリカ的な女性嫌悪《ミソジニー》を知ることはなかっただろう。田舎町のブラバンのうるささに、ピザとトマトケチャップの夕食を邪魔されたことがなかったら、

『雨の日の女　#12&35』で繰り返されている聖書的（「みんなに石を投げろ！」）な呪いを理解することはなかっただろう。バウリー街やＡＢＣ地区のヤクの売人たちを間近に目の当たりにしたり、実際に地下鉄構内や下水道に生息しているモグラ族の噂を耳にすることがなかったとしたら、『地下生活者のホームシック・ブルース』が活写している凄惨な光景を頭に描くことはできなかっただろう。イスラエル国家を悪魔の産物だとして否定する、ユダヤ教正統派の人々のデモ行進を目撃しなかったとしたら、『ご近所の暴れん坊』におけるユダヤ人の孤立と暴力をそのまま見過ごしてしまったことだろう。

ディランの描く世界をもっとも正確に視覚化してきたのは、篠原有司男やレッド・グルームスの美術作品ではないかと、現在のわたしは考えている。とりわけ後者の、地下鉄を舞台としたハリボテのインスタレーション。ディランがあるインタヴューのなかでグルームスに共感を示していると知り、わたしは納得がいった。わたしが『風に吹かれて』のような、一見フォークソング調の曲にいささかも興味を感じないのは、そこでは感傷趣味が前に走りすぎていて、俗悪さをめぐる想像力が欠けているからである。こうしたディラン理解は、彼をフランク・ザッパやミック・ジャガーに近寄せすぎているのかもしれない。しかしその根底にあるのは、レッド・グルームスだ。

シャブタイ・ツィメルマンというディランのヘブライ名は、彼にとってカントリーミュージックやフォークソングの体験が生来的な環境によるものではなく、自覚的に選択されたものだという事実を示している。彼はポール・サイモンとは違い、作曲の段にあってユダヤ音楽に言及することを慎重に避けた。もっともそれは、彼がマルクスやフロイトのように世俗化されたユダヤ人であることを意味しているわけではない。ディランは息子がバー・ミツバの儀礼を迎えるにあたって、正式にタリット（儀礼用のショール）を着用し、ダヴィデの星を記した髪飾りをつけて、わざわざエルサレムのユダヤ人地区にある「嘆きの壁」を訪れている。いくたびかヘブライ語を学ぼうとして挫折し、そうかと思うとキリスト教に改宗して、聖アウグスティヌスを讃える曲を歌ったりもしている。こうした伝記的挿話は、彼の内面においてユダヤ的なるものがいまだに不安定で両義的な段階に留まっていることを意味している。『追憶のハイウェイ61』の冒頭では、旧約聖書に名高いアブラハムの供儀の物語が語られているが、神のためにわが子イサクを殺害しようとしたアブラハムとは、ディランの実の父親の名前でもあった。こいつは意味深だ。

ディランはある時期から、ビートニクの詩人アレン・ギンズバーグと行動をともにし、舞台で共演している。これは興味深い。もっとも二人がユダヤ的なるものをめぐって抱いている観念と姿勢には、微妙な差異があるはずだと、わたしは睨んでいる。彼らはそれを突き詰めて話したことがあるだろうか。

わたしは一度、ギンズバーグの部屋を訪れたことがある。彼はこれからテルアヴィヴに朗読旅行に行くのだといい、ソワソワしていた。ディランはイスラエルで公演をしたことがあるのだろうか。たぶんあるだろう。しかし彼が今日のイスラエル国家のことをどう考えているのかは、わたしにはわからない。答えは風に吹かれて漂っている。

ディランという芸名（いや、通名というべきか）がディラン・トマスに由来するという話が人口に膾炙している。だが詩を読むかぎり、ディランがウェールズの詩人に影響を受けたとはとうてい考えられない。トマスの内気さと難解な隠喩法を継承しているのは、ディランと同年齢のポール・サイモンの方である。わたしがディランに感じるのは、むしろ彼が英語圏においてブレヒトの稀有なる後継者であるという事実だ。『地下生活者のホームシック・ブルース』といった曲を聴くと、それが如実に感じられてくる。

『地下生活者のホームシック・ブルース』は、空間恐怖をそのまま音声に置き換えてみたらこうなるといった見本だ。ジョニは地下でドラッグを調合。オレは舗道で政府の悪口。トレンチコートのヤツがバッジつけてブラブラしてやがる、ひどい咳になっちまったとかいって、もう勘定は終わりにしてくれ、よお、聞いてるのかよお、お前のせいだぜ、いつかなんて知るか、でもまたやらかすつもりだろ……などと、息もつかずに、休みなく歌っている。というか、ただただグダグダと言葉を並べていくばかりで、メロディーも余韻もあったものではない。しかしここに描かれているピカレスク趣味とニヒリズムには、ブレヒト／ワイルの『海賊ジェニー』がみごとに残響しているように、わたしには思われる。ドイツの黒森とスラバヤがマンハッタンのロウアーイーストサイドに移っただけなのだ。もっともわたしには、この曲の歌詞を正確に日本語に訳す自信など毛頭ない。作られてから半世紀、９１１以降のテーマパーク化したマンハッタンに生きているアメリカ人にしたところで、もう言葉の細かな意味の含みを理解できなくなっていることだろう。夥しい註釈を施さないかぎり、アカデミックな文脈での正確な意味は再現されない。それが実現されたとき、歌そのものの強度は軽減されているはずだ。さあ、どうするか。

ディランはいっている。

ここから抜け出せる道が絶対にあるはずだ。

ベルナール・ラマルシュ＝ヴァデル

ロラン・バルトは、テクストには二つの範疇があると考えていた。『テクストの悦び』のなかで彼は、「読みうる lisible テクスト」と「受け取りうる recevable テクスト」を峻別し、後者に関しては、とうてい通常の書物を読むように読み通すことなど不可能であり、ただその言語活動のあり方を認知し、受け取ることしかできないと記した。このときバルトの念頭にあったのは、おそらくソレルスの『数』や『天国』であったはずだ。だがわたしにとってすぐに思いつくことのできる「受け取りうる」テクストとは、ギヨタの『売淫』であり、古賀忠昭の『古賀廃品回収所』である。そしてラマルシュ＝ヴァデルの『すべては壊れる』を読み終わったばかりのわたしは、この未知の小説家もまた同じ範疇に属する書き手であると観念した。とにかく何が何だかまったくわからず、ただ彼の創造した言語宇宙のもつ、陰鬱で紛いものめいていて、偏執狂的なあり方に圧倒されるばかりであったと告白しておきたい。

もっともこの評言だけでは不充分である。ラマルシュ＝ヴァデルのテクストはきわめて怜悧で対象との距離感をもっており、息せき切って人類を罵倒するセリーヌの息遣いとも、言語という言語をドロドロと溶かし込んで行くギヨタの混沌とも、明確に一線を画している。それはガラス壁やブラウン管を通して、異常なまでに細部に偏執する眼差しである。まず冒頭。人気のない街角の庭という庭の鉄柵や扉の向こうに、何百匹もの動物の死骸が、すべて両足を垂直に直立させおりて並んでいる光景が描かれている。鳩たち。仔牛たち。草叢には白目を剝き、陰門に蠅を集《たか》らせた雌牛たち。菜園では白い鶏たち。そして五〇匹以上もの犬の死骸。いかなる理由から動物たちの大量虐殺がなされたのかはわからない。ただ彼らは例外なく、空にむかって四肢を、指を、爪を直立させて死んでいる。動物たちは生きているときには言葉を欠いているのだが、その死体はいつも何かを語りかけようとしているようだと語り手は書き付ける。それにしても何と酸鼻で死臭漂う書き出しであろう。爪や指といった肉体の先端部に異常なばかりに拘泥するというのは、蘇我蕭白に似て、作者が掛け値なしのマニエリストであることを証明している。おそらく少なからぬ読者は、この三頁ほどを読んだだけでピタリと書物を閉じ、もう二度と顧みることがないだろう。

ドラとヘルツォークという二匹の犬をこよいなく愛し、父親の後を継いで領有しているマールバッハからザメンホフという別の町へと移ってきた男がいる。犬の命名法も常軌ではない。フロイトの神経症患者とドイツの畸形映画監督の名前だ。この犬たちの飼主はTV画面に映し出される世界の荒廃した光景と、そこに跳梁する夥しい妊婦たち、殺戮されてゆく動物たちを眺めている。知り合いになった姉妹のどちらかと結婚するかもしれない自分を空想し、厭人癖が嵩じるとボシュエ師の説教集を読み耽る。一七世紀に生き、典雅な古典主義の文体をもったこの神学者の書物だけが、心の慰めなのだ。『すべては壊れる』の主人公について説明しようとすると、こんな風に始めなければならない。だがそれでは何もこのテクストの悍ましいばかりの魅惑を語ったことにならない。というのもここには全編にわたって、カメラアイの比喩を用いてみるならば、異常なばかりに対象に接近した描写、グロテスクに拡大された細部がある。例を挙げてみよう。

「肉食性のマーガレットの中央には老いぼれの雌蕊《めしべ》が突っ立っており、ハゲを見下ろしそこねた円形のアーチをリュウマチのせいでそれ以上超えることができない右腕を上げると、人差し指をかろうじて伸ばして、まずは綿雲のような細い繊維をわれわれに指し出す。雌蕊の上に密集した花冠が縮まり、足で如雨露を蹴っ飛ばすと、彼が告白の道筋をぶちまけるまでせき立てようという計画のもとに、もっと集められた破壊的な樹液が音もなく搾り出される。」

「時おりカメラは、胸の干からびた皮袋や、収穫期の麦の色をした陰毛や、シエナの土でできた大きなざらざらの乳輪のある欲情をそそる乳房や、それらを記録する機械に向って差し出される吸いつくような接吻を交差させるが……」（鈴木創士、他訳）

わたしはこうした描写を発見するたびに、ボシュエの同時代人で、彼と同じく新旧論争で古代人側に立って論陣を張ったダブリンのスウィフトを連想した。人間の女性の肉体の悪臭と醜さを事細かに描き、人間よりも動物（馬）とともにいることの方がはるかに好ましいと『ガリヴァー旅行記』で書いた、人間嫌いの司祭のことである。ラマルシュ＝ヴァデルはつねに動物を、女たちを、複数の群れとして描いている。彼が抱いている人間への絶望は、動物をめぐる現代思想家たちの昨今の議論と、必ずしも無関係ではない。

わたしはラマルシュ＝ヴァデル本人についてほとんど知ることがない。美術・写真批評家として活躍し、ソレルスに推薦されて作家としてデビューした。この作品が長編二作目であり、三作目を書き終えて三年後に拳銃自殺をし、五〇歳で生涯を閉じた。フランス語とフランス人を憎悪し、ドイツに、続いて日本に憧れを抱いた。ダイアナ妃の死と三島由紀夫について、注目すべきエッセイを執筆した。その姿はブレッソンの遺作フィルム『ラルジャン』で確かめることができる。情報はもうこれだけで充分だろう。訳者たちは大変な仕事をしたものだ。いつか三島論も日本語で読めるといいと思う。

宋澤萊《ソンツォライ》

二〇一五年、ヨーロッパの著名な政治学者と地理学者が暗黒の海を渡り、禁を犯してその島にこっそり上陸を試みる。河口付近の湿地に小舟を停泊させると、たちまち不気味な生物が襲いかかってくる。よく見ると、それは放射能で怪物化した野良猫であった。

ああ、何もかもがすっかり変わってしまったのだと、二人の教授は嘆息を洩らす。一三年前、自分たちがこの島から脱出したときには、街角に塵埃が吹き荒れ、天空は黒雲に蔽われていた。河川は枯渇し、岸辺にはいたるところに重油がうち寄せていた。その後、すべては廃墟と化してしまった。農村は荒廃し、耕作地には雑草が繁るばかりだ。それでも政治学者は過去の記憶を辿り、無人の村の片隅にこっそりと住んでいる生存者を見つける。生存者はもう人間は滅んでしまったといいながら、精神病院に監禁され夭折した弟の手記を、政治学者に手渡す。そこにはこの島の変貌を示す、恐怖に満ちた記録が記されてあった。

二〇〇〇年、この島では大地震が起き、三機あった原子力発電所が一気に爆発した。放射能が空中に放出され、二〇万人が被爆死を遂げた。特定の地域が「廃墟村」に指定され、そこに立ち入った者は「廃墟警察」によってただちに逮捕された。海は廃液で汚れ、土壌は汚染されていった。自殺と癌死が急増し、住民の平均寿命は五〇歳台にまで低下した。

この時期、超越自由党なる政党が権力を握り、恐怖の独裁政治を始めた。党は反政府を口にする者たちを次々に処刑し、集会、信仰、講演のすべてを禁じた。官僚の腐敗を隠蔽するため秘密保護法が制定され、警察権力による不当逮捕と拷問が日常茶飯事となった。党は最初、国是として「不」という文字を提案した。やがてそれは「示」となり、最後に「神」となって、国民の内面を支配するにいたった。民衆のほとんどは思考を停止し、知識人は党を怖れるあまり、目前の卑小な利益を求めるようになった。ほどなくしてこの島国はすべての外国人を追放し、海外とのいっさいの音信を断った。もっとも鎖国状態のなかで産業だけは驚くべき高度成長をとげ、都市は飛躍的に発展していった。

国民は党の強権に脅える一方で、党が無限に差し出してくる快楽に我を忘れるようになった。「ピンクマンション」と称する高層ビルのなかには、文字通り快楽の殿堂が設けられ、美食からセックス、ドラッグまで、およそ人間の快楽のすべてが実現されるようになっている。党に異を唱える者たちはいなくなり、国民の誰もがＴＶの前に陣取り、政府の手になる映像を前に、怒りもせず、動揺もせず、ただ黙々とそれに従うようになった……。

二〇一三年のことであったが、学訪人（客員教授）として清華大学に滞在していたわたしは、知人から教えられて一冊のSF小説を読み終え、強い衝撃に襲われた。そこは台湾の近未来を舞台としていたが、わたしには二〇一一年三月以降、深い憂鬱と怒りに囚われることになった日本が、生々しく描かれているように思えたからである。小説『廃墟台湾』は新刊ではなかった。今から三〇年前、いまだ戒厳令下にあった台北で刊行され、大きな物議を醸した作品だったのである。かくするうちにわたしは、宋澤萊という小説の著者についてさまざまな噂を聞くことになった。台湾文学が国民党が強要してきた中国語（北京官話）によってのみ執筆されてきたことに異を唱え、台湾語で作品を発表してみせた。キリストのヴィジョンを眼前に見てしまい、神秘家の信仰を持つにいたった。国家文芸奨を受賞した祝賀会の席上で、台湾はいまだに植民地であると宣言し、本省人たちから喝采を浴びた……。

わたしはこの小説家に関心をもった。日本では311以降、実に多くの小説家が福島の惨事を題材として、さまざまに実験的な、またSF的な作品を発表している。わたしはその流行に納得のいかないものを感じていた。反核を唱え、民主主義を擁護する自分たちの書物が、ひとたび書店に並べられてしまうと、ヘイトスピーチを扇動し、原発を肯定する書物と何ら変わることのない文化商品であるという厳然たる事実を前に、彼らがあまりに無防備であるように、わたしには思われた。いくつかの作品に、わたしは積極的な怒りを覚えた。３１１の報道を聞いた瞬間から、長編小説のためにいい題材を見つけたと秘かに狂喜している小説家たちの姿を想像すると、当事者でもない者が惨事を平然と表象して尊大な表情をしていることの暴力に思い当たらざるをえなかった。これではまるで、後出しジャンケンではないか。わたしを不快にさせたのは、彼らの多くが道徳家の仮面を被っていたことである。今なお惨禍のさなかにある者たちが携えている「沈黙の有意味性」（吉本隆明）を、この連中は無自覚なままに蔑《ないがし》ろにしているのではないか。

宋澤莱を読んだのは、そうした不快のさなかにあった時である。驚くべきことに、彼はこの小説を一九八五年に発表していた。まだ国民党の一党独裁の時期であり、言論には恐るべき弾圧と自主規制がなされていた。事実、その六年前の一九七九年には、政論誌『美麗島』に集う面々が、台湾独立の暴力分子であるという理由から根こそぎ検挙され、軍事法廷によってほぼ全員が有罪、獄門島に送られるという美麗島事件が起きている。

『廃墟台湾』を執筆した宋澤莱にしても、身の危険を感じていたはずである。後に知ったことであるが、彼は二年後の一九八七年、『抗暴的打猫市』（「暴虐に抵抗する打猫市」、三木直大による邦題は『腐乱』）をまず台湾語で執筆し、その後に中国語に訳している。だが危険を察した出版社は中国語版の掲載を拒否した。台湾語を用いた理由の一つは、国民党政府による検閲を避けるためである。というのもこの作品は、きわめて実験的で非リアリズム的な手法によっているため、部外者には一読だけではとうてい理解できなかったのであるが、その当時は言及すら禁忌であった、一九四七年の二二八事件（国民党政府による台湾人大量虐殺）を扱っていたためである。わたしはこの作家の大胆さに驚いた。と同時に、『廃墟日本』と呼び直しても通じてしまう『廃墟台湾』という小説が携えている予言性、いやもとい、黙示録的な想像力のあり方に、強く惹き付けられるものを感じた。

宋澤萊を訪問しようと思ったのは、この秋、「台北詩歌祭」と「台湾アジア映画史学会」という、二つの催事に相次いで招かれたからである。たまたま両者の間に三日ほどの空き時間があると知って、ちょうどいい機会だから、『廃墟台湾』の著者に会いたいと知人に漏らした。すると運がいいことに、アポイントメントが取れた。わたしは台北から新幹線に乗り、台中経由で鹿港《ルーカン》に向かった。鹿港は一八世紀には中国大陸との交易で繁盛し、ついに数々の美しい廟をもつ古都である。宋澤萊は台北で学業を修めたのちこの町に住み、つい七年前、五五歳にいたるまで、地元の中学校で歴史の教鞭を執っていたのだった。

宋澤萊は一九五二年、台湾中部、雲林県二崙郷に生まれた。雲林のあたりはわたしもかつて媽祖巡礼の折りに通過したことがあるが、のどやかな農村地帯である。伯父の一人は北海道の農業専門学校に学び、帰郷後には農工職業学校を独力で創設した。父親は日本軍の二等兵として出征した体験をもち、天皇に強い敬慕の念を抱いていた。息子が生れた後も、両親はつねに日本語で話していた。後に天皇裕仁が崩御したとき、父親は一晩を泣き明かしたと、宋澤萊は語る。

宋澤萊は徹底して日本風に育てられた。周囲には外省人どころか、山岳に住む原住民もおらず、本省人が用いる台湾語のなかで成長した。彼は後に台北に出て、台湾師範大学で歴史を学ぶことになるが、どうやらそのときまで中国語での対話は苦手だったようだ。

「近年に実施されたDNA検査の結果判明したことであるが」と、宋澤萊は前置きをしていった。「台湾人の90％は中国南方の越族の血を、85％は平甫族（平地に住む原住民）の血を引いている。この数字は日本統治時代の戸籍を確かめてみても、ほぼ変わりがない。とりわけ台南以南の土地がそうだ。族譜（家系図）のなかで女性の項に×が記されているか、記載がない場合は、まず平甫族だと見て間違いはない。わたしがいいたいのは、われわれ台湾人は漢人に何も負っていないということだ。中国語と中国文化はつまるところ異文化であり、自分は内面との葛藤なしにはそれを受け入れることはできなかった。」

大学一年生のとき、日本で三島由紀夫が割腹自殺をとげる。わたしは自分と同世代の台湾知識人の青春回想録を二、三手に取ったことがあるが、この事件は日本のみならず、台湾の知識青年にも大きな衝撃を与えている。高校時代に腎臓結石を患い、長く病臥に付して以来、文学を読む悦びを知った宋澤萊は、ここにいたって三島に熱中する。『金閣寺』の主人公の身体障碍の描かれ方に納得し、『禁色』の同性愛者の精緻な心理描写に感心する。もっとも夢中になり、今でも繰り返し読み直すのは『太陽と鉄』である。

三島の次に夢中になったのは芥川龍之介だった。『藪の中』では複数の語り手がそれぞれの視座に立ちつつ、同一の物語を語る。この叙述のあり方が彼を深く魅惑したのである。芥川は『廃墟台湾』にも影を投じている。このSF小説のなかで手記を綴っている人物は、芥川の『河童』を読んでいたことが一因となって精神病院に監禁され、さながら『河童』の語り手のように、耳を傾けてくれる者もないまま、現実世界の狂気を批判し続けるのだ。さて、その後小説を書くことを決意した宋澤萊は、チェーホフとモーパッサンを熟読する。彼が作家として初めて長編小説『廃園』を世に問うたのは、大学を卒業した一九七六年のことであった。

宋澤萊の初期の作品は、発表当時、「郷土文学」という範疇のもとに受け入れられた。たとえば短編『創痕』（邦題は『傷』）では、檳榔の生い茂る南部の田舎で農作業をしている中年男が、かつて日本兵としてボルネオで闘った戦友たちに召集の葉書を出す。元日本兵たちは強い陽射しのなか、台湾の各地から集まってくる。彼らが陽気に昔話をし、シャツや帽子を脱いで互いの軀につけられた傷跡を見せ合うさまが、一人の少年の目をとおして描かれている。これはグロテスクではあるが、奇妙な陽気さに満ちた作品である。また『打牛湳村』（邦題は笙仔《シンア》と貴仔《クィア》の物語』）では、これも南部にある打仔湳《ターグラム》という村で、梨仔瓜《まくわうり》の売り買いをめぐって、二人の道化的な兄弟が村人と反目したり、悪賢い商人に手もなく買い叩かれたりしながら、いつまでも続く夏を生きてゆく。貧しさと不順な天候に苛まれながら、農民と仲買人は互いに騙しあい、罵倒語を交換しあい、たくましく生き延びていく。彼らは素朴であるとともに狡猾であり、善人であるとともにずる賢さの権化でもある。

こうした一連の初期短編は宋澤萊に、『ディカーニカ近郷夜話』を著したゴーゴリに似た印象を与えている。フォークロアはすぐ身近にあったし、それに想を得て、面白おかしい法螺話を語ってやまない農民も、呼べば来る近傍にいたのだろう。だがその後の宋澤萊の変貌ぶりをすでに知った者としては、この時期の彼が言語的に、強い欲求不満を抱えていたのではないかと想像せざるをえない。本来は台湾語で記されるべき南部農民たちの喧嘩言葉や卑猥な冗談を、彼はざわざわ北京官話に翻訳して記さなければならなかった。これはいうなれば濃厚なローカリティを水で割って希釈することであり、作家の本来の意図ではなかったと推測できる。

一九七九年に起きた美麗島事件は、宋澤萊に大きな衝撃を与えた。彼は台湾における言論封鎖の状況に強い憤りを覚え、世界的に孤立するにいたったこの国の将来のため、警世的な物語を執筆しなければならないと決意する。アイオワへの長期滞在と、台湾語による詩作の発表。農村の民話的世界を描く時期は終わった。今後は危機に陥っている自然環境について、監視と抑圧を原理とする恐怖世界の諸相について描かなければならない。こうした思念に基づいて、一九八五年にいよいよ『廃墟台湾』が発表される。これまでの文体や主題から一線を画し、大胆にも近未来の台湾の災禍と廃墟化を諷刺的に綴ったSF小説である。おりしも八〇年代の台湾とは、電力会社が二〇機の原子力発電所を準備し、台湾の海岸線のすべてを原発が囲む日が近いと、国民党が豪語する時代であった。

「よく人からはオーウェルの『1984』の影響を尋ねられたりしますが、実は『廃墟台湾』を書こうとしたときに念頭に置いていたのは、トマス・ピンチョンでした。自然界にあって乱雑さ《エントロピー》はけっして減少せず、増える一方であるという「熱力学第二法則」の認識こそが、世界における産業廃棄物、核廃棄物を考えるうえで必要だと考えるようになったからです。書き出したころ、台湾の知識層の大部分は美麗島事件に連座して獄中にいました。わたしはなぜ自分一人だけが獄の外にいて、のうのうとしているのかと悩んでいました。作品の一章だけでも『中国時報』で掲載がかなわないものかと望みましたが、にべもなく却下されました。そこで『台湾新文化』という雑誌を自分で創刊し、そこに掲載したのですが、警察当局からたびたび没収するぞと脅迫されました。もし逮捕されれば、台湾独立扇動罪で懲役一〇年は固いだろうと、弁護士はいってました。でも、そんな心配をする前に、印刷所で接収されようとしている紙を守ることで、精一杯だったのです。」

『廃墟台湾』は刊行直後、公式的にはほとんど無視された。それが少しずつ読書人の間で話題を呼び、ついにベストセラーの大台に登るようになったのは、刊行の二年後、チェルノブイリで大きな原発事故が生じたときである。奇しくもわたしが台湾に滞在していた二〇一三年にも、この小説は福島の厄難を予言した書として、もう一度版を重ねていた。海峡を隔てた中国でも、数多くの読者がそれを読んだ。作者の話によれば、一度に平然と五万部を刷る海賊版が、すでに何回にもわたって市場に廻っているらしい。

紙数の関係上、『廃墟台湾』発表後の宋澤萊の華々しい活躍ぶりについて、きわめて簡潔に触れておくことしかできないのは残念である。彼は翌一九八六年、『誰が宋澤萊を怖れるか』というエッセイ集を江湖に問い、葉石濤に始まる先輩文学者を徹底的に批判してみせた。八七年には本稿の先の方でも記しておいたが、『抗暴的打猫市』なる中編を台湾語と中国語で相次いで発表し、台湾語作家としてまさに面目躍如たる活躍を見せた。そこではもとより作家の資質にあったグロテスクな想像力が、中国語という軛を離れ、縦横無尽に展開されている。二人の兄弟が虐殺に虐殺を重ね、打猫という架空の市の権力を握った後も、荒唐無稽な悪事を続ける。やがて彼らの肉体は、腐乱した臓器から発する悪臭に包まれ、酸鼻きわまりない死を二人にもたらす。いうまでもなくこれは、一九四五年以降の国民党の台湾支配をめぐる、陰鬱なカーニヴァル的物語である。このあたりで宋澤萊は従来のリアリズムを完全に離れ、ガルシア＝マルケスに代表される魔術的リアリズムの側へと大きく旋回してゆく。

その後の宋澤萊の小説世界は、急速に黙示録的な雰囲気を強めていく。すでに『廃墟台湾』において、世界の終末をめぐるヴィジョンは提示されていたのだが、近年ではそれがキリスト教の信仰に裏打ちされ、『ヨハネの黙示録』にも比すべき凄惨な地獄絵図が台湾全土を舞台に展開されることになる。一九九六年の長編『血色蝙蝠降臨的城市』（血の色をした蝙蝠が降臨する町）の冒頭、黙示録的な光景が、ある日突然に台湾の上空に現出するあたりから、一節を引いてみよう。

「その日の黄昏どき、市民代表会の労働者同胞がビルに掲げられていた国旗を引き摺り降ろそうとしたとき、旗竿の指し示す先の空の中央に、血を流している月を見つけた。月は銀盤のような満月で、銀の光を放ちながら明るく輝いていた。だがその周囲には血が滲んでいた。月は先ほどの血潮に深く浸され、天空に投げ出されたかのようだった。」

『血色蝙蝠』はこの五〇〇年ほどの台湾史を、世界の終りへの過程として認識してみせた小説である。まず福建広東の漢人が原住民を殺害する。次に台湾を植民地化した日本人が台湾人を虐殺する。最後に二二八事件において、国民党の軍隊が台湾人を虐殺する。いずれのときにも血の色をした蝙蝠が空を飛びかい、騒ぎまくっていた。今ここに悪魔の化身たる青年、彭少雄が、中国からギャングとして到来し、悪逆のかぎりを尽くそうとしている。それに対し、唐天養なる信仰と正義の徒が出現し、彭の身体に入り込んだ悪霊を鎮圧しようと試みる。この大アクション小説の背景には、小国台湾を併合し統一せんと急ぐ中国政府と台湾国民党政権の政治的癒着という状況が生々しく感じられる。だが、それを越えて、腐乱の極みに達した世界に「皆殺しの天使」を派遣し、世界の終末と再生を演出しようとする作家の野心的な構想を、ここに認めなければならない。

宋澤萊は二〇〇〇年代に入ってからも旺盛な創作欲を示し、『熱帯魔界』や『天上巻軸』（未完）といった長編を発表している。またノースロップ・フライの『批評の解剖』に想を得て、台湾文学の全体を四つのジャンルの死と再生の物語として捕えた、『台湾文学三百年』なる長編評論をものしている。こうした多様な活動の根底にあるのは、一九九〇年代のあるとき、篤実な禅仏教の実践家であった作家を突然に襲った、スウェーデンボルグに似た神秘体験であったという。眼前をイエス・キリストが歩いて行くというヴィジョンを体験して以来、宋澤萊はその教えに帰依し、今では精霊が自分のなかにいるというより、自分が強大な精霊の内側で守られているという自覚をもつようになったという。興味深い回心の体験であるが、紙数が尽きたので、この件に関しては後日に機会を見て、書いておきたいと思う。

カルタゴの日々

宗教家が大成するにあたってもっとも重要なことのひとつは、世俗の欲望を遠ざけ、心身を清澄に保ち続けることである。聖者と後に呼ばれることになる者たちの多く、いや、ほとんどは、修行時代に地上の栄誉や色欲に誘惑され、それを打ち払うことで次のステージへと進む。イエスは荒野で四〇日の断食をしている最中に悪魔から誘惑され、それをみごとに退けてみせた。キリスト教初期の師父のなかには、オリゲネスのように、悪魔の誘惑から身を守るために、みずからの性器の切断さえ躊躇しなかった者もいる。

こうした聖者たちの伝説のなかで、後世の画家たちが好んで描いたのは、聖アントワーヌであった。信仰だけを頼りに人里離れた洞窟に隠遁する聖人を堕落させようと、グロテスクな怪物や魔性の裸女たちが夜ごとに彼を訪れ、ありとあらゆる手口で誘惑してみせる。そのありさまは、ボッシュからグリューネヴァルトにいたる絵画、またフローベールの戯曲に詳しい。

そう、色欲からいかに身を引き離すかというのは、あらゆる宗教家にとって重大な問題であった。

ローマ帝政期に最大の教父として生きたアウグスティヌスは、『告白』のなかで、かつて欲望の赴くままに快楽を貪っていた若き日々を回想するさいに、「そして我、カルタゴへ来れり」という端的な表現を用いている。

アウグスティヌスは現在でいうマグレブ地方のタガステに生まれ、一七歳でカルタゴに出てきた。「すると、わたしのまわり到るところに、恥ずべき情事の大釜がふつふつと音を立てていた。(……)友情の泉を汚れた肉欲で汚し、その輝きを色欲の闇をもって曇らしていたのであるが、しかもわたしは醜悪で卑劣でありながら、虚栄に満ちて、優美で洗練されていることを切望していた。なおその上に、わたしは情事に落ちこんでその虜となることを望んでいた。」(服部英次郎訳)

こうして彼は放蕩三昧の日々を過ごし、一九歳でマニ教を信奉するにいたる。マニ教はある時期までキリスト教を自称し、現在のキリスト教よりもはるかに流行していた宗教であった。その教えによれば、世界は光と闇の善悪二元論にもとづくとされる。もっとも青年の迷妄の時期は長くは続かない。息子の堕落を嘆く母親の夢に神が現われ、それが機縁となって、アウグスティヌスはキリスト教に改宗し、これまでの人生を深く悔いることになるのだ。偉大なキリスト教哲学者が誕生するためには、こうした煮えたぎる「情事の大釜」の日々と、それに続く悔い改めとが必要なのであった。

アウグスティヌスの場合には、みごとに欲望の誘惑から身を引き離すことに成功し、キリスト教の正統なる教義に帰依することで大思想家となったわけだが、人間は誰もが聖人になれるとはかぎらない。歴史上を振り返ると、情欲に負けて悪魔と契約を結んでしまったり、堕落のかぎりを尽くして生涯を終えた者が数多く存在していた。というより、今ではとうに忘れ去られているわけではあるが、現実にはそうした者たちの方が多かったのかもしれない。破戒僧の苦悩と没落とは、一九世紀を通して、ヨーロッパのロマン主義文学では欠かせない主題であった。その典型として、マシュー・グレゴリー・ルイスが著した『マンク』（井上一夫訳、国書刊行会）を取り上げてみよう。

『マンク』の主人公は、一八世紀スペインに生きる修道士、アンブロシオである。彼は眉目秀麗にして高徳の人として評判が高く、マドリッド中の人々に慕われている。あるときロザリオという美しい少年が、見習い僧として修道院に入ってくる。ロザリオはアンブロシオに忠実に従い、お小姓然として健気に彼の身辺の世話をする。ところがある偶然から、アンブロシオはロザリオがマチルダという少女であることを知ってしまう。しかもこのマチルダ、彼を恋い慕うあまりに、大胆にも深夜にこっそり宿坊を訪れると、胸をはだけてアンブロシオを誘惑にかかるのだ。このあたりは実にエロティックな描写が続き、場所が場所だけに不謹慎きわまりない場面なのだが、一九世紀イギリスの読者は恐怖とスリルのもとに、それを面白がって読んでいたのである。

マチルダとの情交に夢中となったアンブロシオは、破戒僧として次々と悪事をしてまわる。病気回復の祈願という理由をつけては、自分をつとに崇拝する少女のもとを訪れ、その天使のごとき身体をわがものにしてしまう。それどころか、彼女の母親をも凌辱し、二人をまとめて殺害してしまう。当然のことながら悪事は発覚し、アンブロシオは異端審問所で厳格な取り調べを受ける。しかしその隙を縫ってマチルダが出現する。このままでは火炙りの刑は逃れようがない。ただひとつだけ方法がある。神を否認し、悪魔に忠誠を誓いさえすれば、お前はただちに自由の身となり、それどころか富も栄誉も得られるだろう。耳元でそう囁くマチルダこそ、何を隠そう、悪魔の手下で、すべては最初から計画されたことだったのだ。自分が犯し、殺した少女が実は自分の血を分けた妹であると知ったアンブロシオは、絶望のあまり、悪魔と契約を交わす……。

『マンク』は背筋が凍りつくような恐怖と甘美な快楽とがみごとに隣りあった、まことに不道徳極まりない小説である。この物語に夢中になったのがシュルレアリストたちであった。中でも入れあげたのがルイス・ブニュエルで、一度はマチルド役にジャンヌ・モローを宛てこんで、映画の脚本まで準備している。そこでは脱獄に成功した主人公は歳月の末、とうとうローマ法王にまで出世するのである。なんという人を食ったエンディング！

だが、ここで眼をキリスト教から仏教に転じ、仏教の修行僧の例を探してみよう。寺院という、完全に男性だけの世界に閉じこもり、日夜修行に耽る青年僧にとって、女色の誘惑とは、それを断ち切るためにもっとも大きな努力を強いられるものであった。しかも驚くべきことに日本にあっては、その女色に身を任せることで大宗教家となった例が存在している。いわずと知れた親鸞のことである。

親鸞は浄土真宗の祖として、「南無阿弥陀仏」と念仏を唱えるだけで成仏間違いなしという、驚くべき教えを説いた人物である。彼は比叡山の秀才僧として若き日を過ごし、当時としては異例な、九〇歳という高齢まで生きた。もっともその人生は、文字通り波乱万丈の連続であった。

親鸞は二九歳のときに、人生の大きな分岐点に差しかかった。彼は妻帯をはじめて大っぴらに行ない、洛中で大問題を引き起こしたのである。親鸞はまたあらゆる苦行を無意味なものだと説き、ただ念仏だけが人を救うものだと説教して、師法然とともに流罪に処せられた。戒律厳しき僧侶の世界では、妻を娶るという行為は、公式的には許されざる禁忌であった。だが、彼がこの大事にいたるまでにいかに煩悶し、性の誘惑を断ち切ろうとして苦しい思いを重ねてきたかは、その究極の教えほどには知られていない。

親鸞の死後、夫人であった恵信尼が娘に宛てた手紙というものが遺されている。『恵信尼消息』の名のもとに、親鸞の実人生を知るうえでもっとも重要な文献のひとつとされているもので、それを読むと驚くべき出来ごとが記されている。若き日の僧侶が強い性欲に悩む姿が、生々しく描かれているからである。

当時、まだ「親鸞」と名乗っていなかったその青年僧は、二九歳のとき、それまで二〇年にわたって勉学を重ねてきた比叡山を出て、六角堂に百日にわたって参籠するという修行を始めた。六角堂とは京都にある頂法寺の通称で、聖徳太子の創建になると伝えられてきた。ちなみに当時の人々はこの太子を、観音菩薩の化現だと信じていたようである。このお堂に閉じこもり、妻帯すべきかどうかを悩み抜いて、昼夜ひたすらに祈っていたところ、はたして九五日目の明け方の夢に観音菩薩が現われ、次のような偈《げ》、つまり四句からなる教えを青年僧の前に示した。

行者宿報設女犯
我成玉女身被犯
一生之間能荘厳
臨終引導生極楽

今の日本語に訳してみると、これは大体次のような意味になる。
「修行をしているあなたが前世の因縁で女性を犯さなければならないというのであれば、わたしが玉女の身となって、あなたに犯されてあげましょう。一生の間、この軀《からだ》を美しく飾りたて、臨終のときには、あなたを極楽へ導いてあげましょう。」

観音菩薩が男性であるか、女性であるかは、古来よりさまざまな説がある。もっとも親鸞の夢に降り来った観音は、間違いなく玉女、つまり美しい女性の姿をしていたはずだ。その観音が、自分の身をさし出してもかまわないからといい、みずから進み出たというのだから、ただごとではない。キリスト教の聖者にあっては悪魔の誘惑以外の何ものでもなく、まずは考えられない事態である。

夢というものは古来より、昼間の世界では到達できない叡智を人間に指し示すものだと考えられていた。親鸞にしたところで、意識の世界で生きているかぎり、観音の献身などという神聖冒瀆の空想を心に描くことは、みずからに固く禁じていたはずである。それが夢の領域では心の抑圧がとれ、可能となった。もし聖徳太子が観音菩薩の生まれ変わりであるとするならば、その太子が創建した六角堂に観音様が顕現なされることは、まことに自然のなりゆきだろう。親鸞はただちにこの夢の託宣を信じ、妻帯の問題に結論を出した。彼が日本仏教界の一大改革者としての一歩を踏み出すにあたっては、こうした懊悩と夢による解決があった。

親鸞のケースは古今の宗教史にあってきわめて特異な例であるといえる。ただ無意識をめぐる学だけが、それを説明できるとしかいいようがない。彼を誘惑したのは悪魔ではなく、観音であった。神聖なる女神の導きで、この青年僧は世界の真理に向き合うことができたのである。

能　樹木の精霊との戦い

「西洋の演劇では何かが起きる。能では何者かがやって来る」

フランス大使として大正時代の東京に長く住んだ詩人ポール・クローデルのこの言葉は、俗世間のよしなしごとを映し出す欧米の演劇に対し、能の神聖にして厳粛な本質をみごとにいい当てた的確な評言だと、わたしは長らく思ってきた。そう、確かに能舞台には人間を越えた存在が顕現するのである。もしわたしがこの言葉に何かを付け加えるならば、「やって来る」ではなく、「降り来る」とすることだろう。

舞台の中央では狂気に見舞われたシテが踊っている。彼女は恍惚に襲われつつ回転する中心であり、舞いを通してそこが世界の象徴的中心、つまり大地の臍であることを指示している。その彼女を媒体として神が降りてくる。シテはなぜ植物の葉を手に握っているのか。それは他ならぬ彼女が樹木の精霊であるからだ。樹木は宇宙の中心にある。樹木は垂直に天空に枝を延ばしている。

同じことは穿たれた深い井戸についてもいえる。井戸は宇宙の根源の穴であり、穴を覗き込むことは時間の起源に遡って自分の影と向かいあうことに他ならない。わたしは能における後ジテの舞いにこそ、宗教儀礼としての降神が芸術へと転換する大きな契機があると思い、いつも畏怖の感情を抱いてきた。

ワキが諸国一見の僧侶であることは、何を意味しているのだろうか。僧はシテの物語に聴き入る。彼はひとしきり舞いが披露されると、シテに引導を渡してその場を立ち去らせる。空間にはふたたび秩序が回復される。この過程はわたしには、仏教による樹木の精霊との戦いの勝利のように思われる。

昨今アメリカ経由のグローバリゼーションなるものが巷間で話題を呼んでいる。だが日本を含めアジアのほぼ全域が二五〇〇年間の間に体験した仏教とは、それとは比較にならない規模の大グローバリゼーションであった。この恐るべき論理と叡智を備えた宇宙論は、行く先々で地元の神々を怨霊妖怪へと転落させ、威厳を失った神は雑神として怨恨を抱くこととなった。日本の中世は賢明にも本地垂迹説という和解案を考案した。にもかかわらず樹木に宿る神々の怨恨を宥めることはかなわなかった。ワキによるシテの救済は、ある角度からすれば導師による狂者の治療であるが、別の角度から見るとイデオロギーの覇権争いである。

とはいえここでやはり注目しておきたいのは、シテの煩悩の解消者であるワキが単なるイデオロギー的勝利者に留まらないことである。そもそもワキはシテを舞台の中央へと招きいれ、シテに生涯の怨恨の物語を舞わせる役割をもっている。シテの苦悶に立会い、それを見届ける。というより享受する。このねじれの対立が能を闘争の劇として複雑なものに仕立てあげている。わたしはもしニーチェが能を観劇していたらと空想する。そしてアルトーが。能楽はわたしには、頭上から突如として到来し、他者としての神を歓待する、きわめて洗練されたあり方であるように思われてならない。

ハイナー・ミュラーと能

岡本章による『ハムレットマシーン』演出によせて

暗闇のなかに鼓を打つ音と、能楽に独特の、あの地の底から聞こえてくるような声が響いてくる。やがて舞台が薄暗く浮かびあがると、そこには何もなく、メタリックな床にただ横にいく筋のも光の線が引かれていることがわかる。

鼓と声がしばらく続き、右手から黒衣の俳優がひとり現われる。彼は舞台中央で立ち止まると観客の方を向き、深呼吸すると、war と言葉を続ける。rrr と、喉から音が長く伸ばされる。宣言するかのように Hamlet という言葉が続く。「わたしはハムレットだった。わたしは浜辺に立って……」ドイツ語での独白が直立不動の姿勢で十数分続く。あるところで言葉はいくたびも繰り返されたり、激情の発作に駆られたかのように、極端に強い調子を帯びる。ときおり俳優は軽く手を拡げたり、言葉のなかに英語を交えたりするのだが、ほとんど軀を動かすことがない。能の鼓と声がそれに絡みあい、緊張感に満ちた音の織物が綴られる。

舞台はふたたび暗くなり、突然、空間を切り裂くようにヴァイオリンが聞えてくる。ほの明るくなった舞台には、いつしか二人の、やはり黒衣の俳優が登場していて、彼らは屈みながら床を擦ったり、動物のように両手や両足を大きく拡げて、歩き回っている。一人が奇声を発しはじめる。何か言葉を訴えようとしているのだが、まだ言語として分節化されず、叫びの域に留まっている音声。アアアア……。叫びは歓喜とも威嚇ともつかない独特の抑揚をもち、何か単語に結実しようとして懸命に努力しては、纏まらずに叫びに引き戻されてしまうといった印象を与える。ハムハムハムハム……ハハハ……彼はまさぐるように次々と音を発し続け、何分かの錯誤ののちに、ようやく日本語の科白に到達する。

「わた……わたたた……し、し、し……わたしは……わたしはハムレットだった。」

冷戦体制下の東欧で、歴史の悪夢からの覚醒を希求する劇作家が書き記した作品に対して、共産主義への幻滅からも、ヨーロッパ文明の疲弊の感情からもほど遠い日本に位置しているひとりの演出家が向かいあうとき、彼はどのような径筋を通ってそれに接近してゆけばいいのだろうか。岡本章によるハイナー・ミュラーの『ハムレットマシーン』演出は、われわれにそのきわめて興味深い例を示しているように思われる。

一九七〇年代から能楽に深く親しみ、研鑽を続けてきた岡本は、この作業に補助線を引こうとして、能の「井筒」の枠組みを援用することを選んだ。この試みは一見荒唐無稽にも見えかねなかった。だがそれはミュラーの解釈史において独自の成果を生み出したばかりか、岡本と彼の主催する劇団「錬肉工房」の三〇年にわたる演劇的実践のなかでも、明確な集約点を形づくるに至った。一九九八年一〇月に世田谷パブリックシアターでその舞台を見たわたしは、パンフレットのわきに感想として「吃音、御霊信仰、ドッズのアポロン信仰研究、鉄板、花嫁」というメモを書き残している。ドッズとは『ギリシャ人と非理性』の著者のことだ。よほどその晩の印象が不思議だったのだろう。以下にこのメモを手掛かりとして、岡本の企てを自分なりに考え直してみたいと思う。

ミュラーの『ハムレットマシーン』は、この二〇年にわたって世界中の解釈者と演出家を魅惑し、彼らを饒舌へと向かわせてきた。シェイクスピアからカフカ、カミングスまで、当時「西側」といわれていた世界の文学作品からの引用が、焦燥感に追い立てられているかのように矢継ぎ早になされる。その傍らで「東側」の政治状況、つまりスターリンの恐怖政治からハンガリー動乱、ベルリンの壁を経て現在へと至る物語への言及がなされ、モザイク的に象嵌される。ロートレアモンの攻撃性と、「ガス台に首をうつぶせた」シルヴィア・プラスのヴァルネラビリティとが、『フィネガンズ・ウェイク』の円環時間論の天蓋のもとに併置される。文学的俗悪さの、意図されたバーレスク。意匠の過剰は、それをめぐる言説の過剰を導いた。一九七七年に発表された、わずか数頁に満たないこのテクストは、あたかも二〇世紀前半にT・S・エリオットの『荒地』がはたした役割に似たものをもっている。両者のただひとつの違いは、ミュラーが共産主義を未知の脅威としてではなく、現実の悲惨と幻滅のもとに体験していることだ。

マシーン、つまり「機械」という言葉に惑わされてはいけない。これを人間の創造的な力に対立する非人間的な現象だと受けとってしまうならば、ミュラーのテクストを二〇世紀前半、すなわちチャップリン演じる工場労働者の時代に引き戻してしまうことになるだろう。それは素朴だが、過ちだ。ハムレットの機械は、ヒューマニストの説く解放のアンチテーゼでもなければ、未来派が賛美した速度と秩序の理想とも無縁である。思うに「機械」の一語は、七〇年代初頭にドゥルーズがプルースト論のなかで披露した最新流行の概念から借り受けられた。それは既成の分節的秩序を拒否したときに実現される、新しい肉体のあり方であり、その背後にニーチェ的な旋律が見え隠れしている。

『ハムレットマシーン』のなかで、ハムレットはまだ充分に機械たりえているとはいえない。彼は悪夢そのものである歴史の悪循環、悪しき円環に強い反発と抵抗を抱きつつも、そこから解放されることができず、純粋にデカダンの域に留まっている。機械たらんとする欲望は、切れ切れの断片的モノローグのなかで予告されてはいるが、実現されているわけではない。相手方と思しきオフィーリアにしても同様で、彼女を支えているのは純粋に反動的、反作用的な力である。自分の内側にある精液のすべてを吐きだし、自分が産出した世界をもう一度回収して無に帰着せしめたいという彼女の憎悪の言説は、極限にまで辿りついたニヒリズムである。とはいうもののこの二人の形象、というより厳密にいえば二筋の声は、ニーチェの説く永劫回帰の、来るべき主体である可能性を秘めている。その証拠に彼らは次々と仮面を取り替え、ギリシャとシェイクスピアの悲劇的伝統の、すべての偉大な名前であることを宣言する。わたしはハムレットだった。わたしは良きハムレットである。わたしはリチャード三世である。わたしはマクベスだった。わたしはエレクトラである。そう、悲劇は誕生するのではない。回帰するのだ。

一方で、ミュラーと対照的なところに、夢幻能の『井筒』が位置している。『伊勢物語』に典拠をもち、一五世紀に世阿弥によって書かれたこのテクストでは、旅先の僧侶を前にひとりの女が、井戸を舞台に演じられたそのかみの悲恋物語を語る。語りが昂揚してきたとき、三人称であった物語は突然に一人称に切り替わり、女は僧侶に尋ねられるままに、自分こそが悲恋の主人公の女性であり、その亡霊の相であると宣言する。

彼女はひとたび消滅し、やがて恋する相手の男に変身して僧侶の前に現われると「移り舞」を舞う。主人公はさらに井戸の底を覗きこみ、水面にわが姿を発見して強い恍惚状態に陥る。そこではもはや男がありし日の恋人の女の映像を見つめているのか、女が男の映像を見つめているのか、また水面に映る影が現実のものであるか、幻影であるかを判別することができない。ともあれこの事件を通して亡霊は慰撫され、悲恋の怨念から解放される。僧侶による鎮魂の業はなされた。

主人公を演じるにあたって、処女の小面か、でなければ若女の面を用いるのが一般的である。もっともそれはどこまでも現在の話であって、一五世紀、このテクストが執筆された時期にあっては、「十寸髪《ますかみ》」なる狂女の面が用いられ、後場で彼女が舞いを披露する場面では、「翔《かけ》り」、すなわち苦悶の果てに到達されたトランス状態を示す演出がなされることが一般的であったと伝えられる。『井筒』のクライマックスにおいて実現されているのは、この「翔り」を通しての非理性的なるものの噴出であり、主人公の女から相手の男へ、さらに彼が覗きこむ水面のアンドロギュノス的な揺らぎへと、畏るべき速度のもとになされるジェンダーの暴力的なまでの相互侵蝕である。その背後には、日本のシャーマニズムの伝統が控えている。能楽というジャンル自体が、もっぱら男性俳優が仮面を身につけることを前提とする演劇であったことを考えあわせるならば、主人公が衣装交換によって提示する憑依の舞踊がもっている意味は、二重にも三重にも、さらに複雑に感じられる。そしてこのめくるめくジェンダーの回転扉《トゥルニケ》を通して、主人公は自己治療を行ない、仏教的な浄化に到達する。

岡本章は『ハムレットマシーン』のテクストをはじめて読んだとき、「これは能役者で演ってみたいとまず思った」と、演出メモに記している。「読後の手触りに、ある奇妙な自由さと、空無化、冷えの果ての『熱』のようなものが確かにあり、根底の部分でこちらが鼓舞され、挑発されるところがあった。一見、全く違うのだが、その手触りがどこかで不思議に、能、特に夢幻能の本質的な構造、身体性と通底するような感じがあった。」

岡本が感じた直感を、わたしなりに考えてみよう。

多くの西洋演劇と違って、能にあっては登場人物たちが対等な資格で対話を行ない、ディアレクティーク（弁証）を構築してゆくということがない。言説の場におけるワキとシテの間には厳密に位階秩序が設けられており、本来的にはシテの独白をワキが受けとるという形で舞台が進められてゆく。この「シテ一人主義」は、しばしば西洋の劇作家が能に接近するさいに当惑してきたものであった。

ミュラーの『ハムレットマシーン』が戯曲として興味深いのは、科白の大半がハムレット、あるいはオフィーリアの独白であり、しかもそれが彼らの著名な物語が終焉を迎えたのちの、想起の相において語られているという事実である。彼らは他の登場人物との対話を通して舞台のうえで、主人公として物語を形成してゆくのではなく、はるか以前に形成され解体されてしまった物語の残骸を、彼岸に渡った者の眼差しから回想してゆく。「わたしはハムレットだった」と過去形で独白する主体は、もはや西洋演劇的な意味あいでの行為者ではない。彼はもう一度召喚された存在であり、身体の分節も定かでないままに語り続ける声でしかない。声は交わらず、孤立したまま錯乱を演じ続ける。ミュラーによるこうした装置の設定には、確かに能のシテのあり方を多分に連想させるものがある。召喚とは、見方を換えるならば憑依であり、岡本は次々と名乗りをあげては孤独な独白をなす人物たちの存在様式に、日本の御霊信仰やギリシャ悲劇の発生にも通じる演劇的始源を直観的に嗅ぎとった。この直感を方法として採用したとき、『井筒』との接合が理論的に可能となり、演出の基本構造が定められることになった。

原作の脚本を踏まえたうえで岡本の舞台を観てみると、彼が細部において実に多くの変更を行なっていることがわかる。ミュラーが準備した文学的、神学的引用の多くは削除される。二〇世紀の東欧の受難の歴史と政治をめぐる寓話的言及もまた。だが正確にいえば、演出上のこの処置は、削除というよりも消去という語を使ったほうがふさわしいかもしれない。スターリンの父性的な形象をめぐる両義的な感情も、聖母マリアの乳癌への暗示も、ジョイスやデーブリンの引用も、ミュラーが準備した挿話的な言及のほとんどが消去される。有体にいえば、岡本はミュラーからブレヒトを減算してみせたのだ。では、その代償に何が導入されるのだろうか。ジェンダーの交換と、アルトーに示唆された音声の物質性の回復である。

ミュラーによるテクストでは、娼婦の服装と化粧をしたオフィーリアが、舞台のうえでストリップショウを演じるという指定がなされていた。岡本はこうしたバーレスクを避けて、きわめて静かな雰囲気のなかで彼女の変容がなされるように演出している。能面を付けた俳優がひとくさり独白を終えると、黒子然として舞台の隅の暗がりに現われた二人の俳優が、彼女に白衣を被せる。それはきわめて簡潔ではあるが、オフィーリアの不幸な妄想のなかでは、ハムレットとの実現できなかった結婚式のために準備されたウェディングドレスを連想させる。ひとたびすっぽりと白衣に包まれたオフィーリアは、やがてみずから白衣の前を開き、能面を被った顔を観客の前に提示する（この構図は、図像学的には女性器を連想させ、はからずも彼女を、ギリシャ神話に現われてコレに冥府への径を教えた女神バルボに近付けている）。先に黒子として振る舞った俳優の一人が、ゴヤが諷刺版画で描いた愚者よろしく彼女の背後に忍びよると、面に手をかける。面は「顔の皮膚が引きはがされるように」取られ、そこには本来の俳優のものである男性の顔が現われる。今では三人の男性となった俳優たちが、声を揃えて科白を語る。「汝の殺した者をも愛すべし。」

ここでは『井筒』のクライマックスの場面が、みごとに換骨奪胎されて用いられている。原作ではオフィーリアのストリップに続いてハムレットが、自分が女になりたいと宣言し、グロテスクなカニバリズムの雰囲気が強調されている。岡本の舞台では逆に、オフィーリアが能の物語をなぞるかのようにジェンダーの交換をはたし、男性へと変身する。だがそれは、能面を外すというきわめて簡素な身振りのもとに実践され、それを通して能楽が仮面を媒介として伝統的に携えてきた、ジェンダー転換の構造が明らかにされることになる。『井筒』では憑依状態に陥ったシテは相手の男に変身し、深い井戸を覗きこむことで自己像と対面する。岡本の舞台では、オフィーリアは仮面を外されて男性へと変化し、ハムレットの欲望を裏側から実現すると、最終部では深海に沈むエレクトラとして、第二の顕現をはたす。

ロバート・ウィルソンによる、『ハムレットマシーン』の演出（一九八六年、ハンブルグ）と比較したとき、岡本のもつ独自性は、いっそう明確となる。ウィルソンはテクストの科白と俳優の動作をまったく分離して組織し、岡本版よりもはるかに長い時間的持続の舞台のなかで、ヨーロッパの歴史的、文化的重力を過剰に担っているミュラーの言語を、あえて意味論的な無重力状態のなかに置き直し（かつてソンタグが唱えたところの）「反解釈」の姿勢を貫き通した。原作者が暗示する深さの神話に対して、徹底した表層をもって応じた。岡本は逆にこの作品を、七五分という、およそこれまでミュラーに向かいあった世界中の演出家が試みたことのなかった、極度の短さにおいて実現させた。彼はあらゆる装飾的ノイズを舞台から消去し、人物の衣装と運動をきわめて禁欲的な次元に還元する。そして東欧社会が育んできた悪夢の深さに対して、日本の仮面劇とその背後にある民俗学的想像力が醸成してきた深さを対峙させる。

岡本がミュラーの演出に際してもうひとつ強調した要素とは、言語の発話をめぐるものである。

わたしが本稿の冒頭で描写したくだりについて、考えてみよう。そこでは「わたしはハムレットだった」という科白をドイツ語と日本語で言表するにあたって、発語までの長い逡巡、極端な吃音の連続による差延、意味論的に凝固することのないままに次々と消滅してゆく音声が重なりあって、きわめてグロテスクな形でシニフィアンの物質性が強調されている。「ハムレット」と吐き捨てるように発せられる発語の冒頭におかれた「ハ」の音声は、極度に強いアスピレーションを担うことで[ha]というよりもむしろ[xa]であり、「母」「ハイル」「吐き気」といった単語と頭韻の関係をもち、それは一方で引用される那珂太郎の詩「透明な鳥籠」の一節、母音「オ」をもつ「も」の連禱と音韻論的な対照を構成することになる。

言語がまだ言語として分節化される以前の意味を形成せず、音声ともつかない始源の状態を、苦悶と恍惚のうちに見極めることに演劇的本質を求めたのはアルトーであった。岡本は彼が晩年に精神病院で試みた発声実験に関心を寄せるとともに、一方で世阿弥が『花鏡』で語った「せぬ隙」という言葉に深くとらわれている。八〇年代後半から続けられてきた『現代能楽集』の試みに寄せた、数少ない方法論的文章のなかで、彼は観世寿夫の次のような言葉を引用している。

「声は出したときが終わるとき。声は出すまでが問題なのである。出してしまったらもう決着は着いてしまったのだ。」（「世阿弥能楽論の射程――『現代能楽集』の作業」『文学』二〇〇〇年一一／一二月）

『ハムレットマシーン』における俳優たちの名乗りは、こうした発声に至るまでの自覚を前提としている。それは岡本の言葉を借りるならば、「単に発声法の問題だけではなく、能の多様な身体表現全体に関わり、また『せぬ隙』の前後を糸官《原文ママ》いでゆく、重要な身体技法のプロセス」であった。一般的な演劇において俳優たちが発話を開始するとき、それは円滑でなければならず、観客への透明なコミュニケーションがまずもって要求されている。岡本はこうした制度的なあり方に異議を唱え、科白を物理的な音声に還元するとともに、それが言語として凝固する寸前の瞬間を演劇的なるものの顕現として提示しようと企てている。このとき実現されるのは言語の表層を軽快に滑走するノンセンスではない。『井筒』のシテが昏い井戸に宿る水を覗きこむように、俳優たちは、沈黙と発語の境界を深さの相において覗きこみ、ひとたび言語の始源に立ち戻ることからみずからの演劇的身体を組み立てる。

ミュラーの戯曲ではオフィーリアに浄化の機会を許さない。彼女は深海に追いやられ包帯で全身を覆ったのちに、エレクトラという新たな仮面を与えるばかりである。歴史の悪夢は解決されず、憎悪と怨恨に満ちた反動的（反作用的）言説が最大限に増幅されて、幕を閉じる。一方、夢幻能はシテに対して、つねに仏教的救済を与えてきた。主人公はひとしきり舞いを終えるとこれまでの怨恨から解放され、僧侶に感謝をしたのち成仏する。この終り方の対照を、岡本章はどのように処理したのだろうか。

もし彼がヨーロッパ近代の宿業の全体に対して、安易に救済を与えたとしたならば、上演は異国情緒の枠組みのなかでほどよく理解されるだけで終わっていたかもしれない。その場合に岡本は、クローデルから黒沢明まで延々と続く、二〇世紀の文化流行としての能楽の系譜に、新しい挿話を提供するに留まっていたことだろう。だが岡本は「機械仕掛けの神」として能楽の援用を、慎重にみずからに禁じている。わたしの印象では、『ハムレットマシーン』の演出において彼はあえて究極的な救済の場面を提示せず、舞台を複数の異言の跳梁する空間のままに留めているように思われる。オフィーリア＝エレクトラはカタルシスを体験しない。彼女は三人の男たちに周囲を囲まれ、変性男子として荒々しい発話行為のさなかに身を置く。そこでは能と現代演劇の語りが重なりあうばかりか、日本語とドイツ語、さらに言語と音楽までが渾然と競合しあい、多元的な肯定に到達しようとしている。この肯定の強さを通して岡本は、本来オフィーリアに準備されていた科白を裏切り、彼女が体現するはずであった反動性をまったく異なった力のもとに解釈している。オフィーリアは仏教的な浄化からも、ヨーロッパ的なニヒリズムからも自由な地点にあって、舞台のうえに留まり続ける。吃音と打楽器の音声のなかで彼女が体験する逆立した鎮魂は、その無限の持続を感じさせる印象において、われわれの「呪われた部分」を暗示しているように思われる。

クローデル

渡邊守章演出『繻子の靴』をめぐって

北フランスの小さな村に地方官吏の息子として生まれた少年が、パリで中学に進み、文学と演劇に目覚める。彼は東洋語学校に進学し、優秀な成績で外交官試験に合格する。ランボーの詩に強い衝撃を受け、世界は一冊の書物に収斂すると説くマラルメの「火曜会」に出席する。だが彼を魅惑してやまないのは日本美術だ。自分が生れた年に「維新」を決行し、西洋近代化を取り入れたこの国の文化に、彼は心惹かれてやまない。ポール・クローデル（一八六八―一九五五）のことである。

渡邊守章が二〇一六年一二月に京都造形芸術大学春秋座でクローデルの『繻子の靴』の演出に成功したことは、昨年の演劇界のみならず、日本文化全体にとって快挙であった。渡邊は、というより日本は、自分を愛してやまなかったクローデルの熱情と知性に、ついに応えたのである。戯曲のなかの言葉を用いるならば、およそ「地上においてはかなわぬ」とまでいわれたこの未曾有の大作が、とうとう完璧な形で日本の舞台にかけられた。

以下に渡邊演出の意義について、鉛筆書きで簡潔に記しておきたい。とはいえ、これを書いているわたしは観劇の翌日であり、いまだに強い興奮に包まれている。

クローデルが最初に日本を訪れたのは、齢三〇のときである。上海の領事館に駐在中の休暇旅行であった。本格的な日本探究が開始されるのは五三歳。彼は一九二一年にフランス大使として東京に赴任し、(途中の一時帰国を含め)足掛け八年にわたって日本に滞在する。人生の半ば過ぎて、夢がかなった。思うがままに日本の伝統文化を渉猟する時が到来したのである。

クローデルは狩野派の金碧障壁画と水墨山水画に感動し、『忠臣蔵』から『清玄・桜姫』まで、歌舞伎における死の表象=再現に異常な興奮を覚える。だが決定的な体験は、能楽においてなされた。『道成寺』『翁』『羽衣』、そして『景清』。彼は観能の印象を細々と記録し、「能、それは何者かの到来である」という卓抜な警句を記す。みずからを「黒鳥《くろどり》」と呼び、『朝日の中の黒い鳥』という、美しい日本文化論を執筆する。

日本に滞在する以前から、彼は全世界を舞台とした演劇という夢にとり憑かれている。アイスキュロスの『オレステイア』三部作に道化芝居を加えた四部作、ワグナーの『ニーベルンゲンの指輪』に拮抗すべき四幕の戯曲を執筆できないものか。それは聖母と聖ヤコブの守護のもと、不運の恋人たちがはるか天上界を仰ぎ見ながら、東洋と西洋を股にかけて移動するという、壮大な規模の悲恋物語となるはずだ。名付けて『繻子の靴』。四幕の構成は往古のスペイン芝居に倣って、「四日間」の物語と呼ばれることだろう。

クローデルは気が急いてたまらない。第一日目は、早くも日本到着前にほぼ完成する。第二日目は大使としての執務の合間を縫って完成する。第三日目にさしかかったとき、運悪く関東大震災が勃発し、原稿が焼失。彼はただちに書き直す。完結編にあたる第四日目が完成したのは、一九二四年のことであった。

まともに上演すれば九時間か一〇時間はかかるという、巨大な規模の芝居である。おいそれとは上演できない。コメディ＝フランセーズのジャン＝ルイ・バローが高齢の作者の協力を得、短縮版をなんとか舞台に挙げたのが一九四三年。もっとも悲恋物語に焦点を当てたため、四日目はあっさりと割愛され、三日構成とされた。その後も三日ヴァージョンが慣習となった。バロー本人がそれを四日に戻したのが一九七三年。一九八七年にはアントワーヌ・ヴィテーズがアヴィニョン演劇祭で、九時間四〇分をかけ、完全上演を果たした。文字通り、夜を徹しての舞台である。

ちなみにわたしは学生時代、一九七七年にルノー／バロー劇団が来日したとき、国立劇場で第四日目だけの上演を観ている。このときは「バレ《原文ママ》アル諸島の風の下で」という題名が与えられていた。何もない舞台に光と影が乱舞し、そのなかで二人の少女がゆらゆらと躯をくねらせている。彼女たちはいつまでも対話を続けている。果敢にも夜の海に身を投げ、はるか遠くに停泊中の船に泳ぎ渡ろうとしているのだ。もっとも一人の少女は力尽き、いつしか闇のなかに姿を消してしまう。わたしは『繻子の靴』という物語をまったく知らず、人物たちの来歴についても不案内なままに、このパントマイムを目の当たりにして、その美しさに目を見開かされた。恐ろしく簡素な舞台にもかかわらず、そこに顕現しているものの崇高さに撃たれたのである。そこでただちに中村真一郎による戯曲の日本語訳を入手し、ヒロインにはイングリッド・バーグマンはどうだろうかなどと、たわいもない空想に耽ったものだった。バーグマンと考えたのにはまったく根拠がないわけではない。クローデルが『繻子の靴』の後に執筆した『火刑台のジャンヌ・ダルク』がロッセリーニの手で映画化されたとき、主演を演じたのが彼女であったからである。

それからさらに八年が経ち、一九八五年にはポルトガルのマノエル・デ・オリヴェイラが全篇を、ほとんど科白を省略せず、フィルムに纏めあげた。愚直なまでに誠実な映画化である。わたしはこの映画版『繻子の靴』を、一九八七年にニューヨークの現代美術館で観る機会があった。二日がかりで七時間あまりのフィルムを観終えたとき、わたしはようやくこの偉大な戯曲の全体を、曲りなりにも把握できた気持ちになった。空恐ろしい芝居だった。それからさらに歳月が流れ、わたしは東京の日仏会館でオリヴェイラと言葉を交わすことができた。

前置きが長くなってしまった。肝心の戯曲について語らなければならない。『繻子の靴』では冒頭に、「この劇の舞台は世界」と口上が述べられる。世界！　いまだかって演劇において、かくも大胆な言葉が、かくも率直に発せられたことがあっただろうか。作者は最初から『創世記』を向こうに回し、『人生は夢』のカルデロンに対抗するつもりなのか。ともあれ「四日間」の舞台の進み方を簡単に記しておきたい。

舞台は一六世紀の末、いわゆる「大航海時代」である。主なる登場人物は四人。新大陸の制覇に使命感を抱くドン・ロドリッグ。美しい人妻のドニャ・プルエーズ。その夫で、厳格な大審問官のドン・ペラージュ。彼はスペイン国のアフリカ北西部の総司令官でもある。最後に敵役として、ムーア人との混血と思しきドン・カミーユ。

ロドリッグは、嵐で漂着した先のアフリカ西海岸でプルエーズに出会い、運命的な恋に陥る。だが人妻を相手にした恋は、地上では実らない。ロドリッグはそれでも彼女を追い駆け、そこにカミーユが絡む。三角関係ならぬ四角関係である。戯曲の根底にあるのは、悲恋の恋人たちが織りなす、すれ違いのメロドラマだ。にもかかわらず、驚くべきことに、この長大な芝居において舞台上で二人が対面するのは、わずか一度、三日目の最後の約一〇分間だけなのである。

『繻子の靴』にはいたるところにバロック的な装飾的枝葉が控えている。剣（新大陸征服と対イスラム戦争）と音楽（芸術と愛）という、互いに対立しあう旋律が見え隠れし、最後に奇跡的な統合を見せる。主物語から分岐したいくつもの物語が逸脱と脱線を重ね、ときに主物語に絡みついて、複雑な文様を見せる。音楽姫とナポリの副王が、嘘のようにスラスラと進む恋物語を演じ、主筋の恋人たちの悲愴さを逆に浮かび上がらせる。主人公の召使たちによる卑小な茶番劇がそれに続く。最後にプルエーズの忘れ形見、七剣《セテペ》姫が、父ロドリッグのもとを去り、大海を泳ぎ渡って、オーストリア貴族のもとに駆落ちを企てるという、勇ましい挿話までがついている。

だがもっと眼差しを近づけて、四日間にわたる物語を詳しく眺めてみよう。

第一日目で中心となるのは、ロドリッグとプルエーズの困難な恋である。プルエーズは夫に従ってアフリカに発たなければならない。だが出発の日取りが別々であると知って、ただちにロドリッグに手紙を認め、駆け落ちを企てる。もっとも音楽姫の駆け落ちの一件に巻き込まれ、それは成就しない。それどころかロドリッグは戦闘で深手を負い、看護を求めて母親の城へ向かう。プルエーズは夫の配下によって監視されているが、彼の恩情によって脱出に成功する。

「繻子の靴」というかわいらしい題名は、このプルエーズがロドリッグのもとに向かおうとするとき、館の入り口に置かれた聖母像に願掛けをする挿話に基づいている。彼女は履いていた靴の片方を聖母の両手のなかに置き、自分が悪へ走ろうとするときにはかならず足が萎えておりますようにと祈りを捧げ、片方の靴だけで夫の館を後にしようとするのだ。

第二日目。ロドリッグは母親の城で重傷の床にある。プルエーズが到来するが、二人は行き違いとなってしまう。そこにペラージュが出現し、彼女に向かって出し抜けに、モロッコのモガドール要塞の指揮官になるよう命じる。何とも荒唐無稽の展開であるが、この程度で驚いていては『繻子の靴』全体の物語と付き合うことはできない。ロドリッグは傷が癒えるとただちにプルエーズを追う。だが要塞に到着した彼女は、駆け付けてきた恋人に会うことを拒絶する。大西洋を別々の方角へと向かう二艘の船を、天上から聖ヤコブが眺めている。聖者は二人の恋は地上では実らないことを知っているのだ。月光のなか、二人の恋人は二つの影となり、神を呪っては互いの不在を嘆きあう。月がそれに言葉を加え、舞台はしだいに恍惚感に包まれていく。

第三日目。一〇年の歳月が経過する。ロドリッグは副王閣下として新大陸に君臨し、パナマ運河の建設に携わっている。運河が開通すれば、二つの大洋は結合することができるのだ。プルエーズは夫の死後、カミーユと結婚して、モガドール要塞を離れようとしない。カミーユはモロッコの聖人《マラブー》信仰に帰依し、反キリストの立場を露骨に表明するようになる。二人の間には娘が一人いるのだが、不思議や不思議、その顔はロドリッグに似ている。

ロドリッグはパナマの宮殿で、プルエーズが書いた手紙をようやく受け取る。なんと手紙は一〇年間にわたって、世界中を経廻っていたのだ。真相を知った彼はただちに新大陸を放棄。配下の全艦隊を引連れ、大西洋を横断する。目的地はモガドール要塞だ。彼がモガドール沖に司令戦艦を停泊させていると、これはどうしたことか、プルエーズが娘を連れ、小舟で到来するではないか。ロドリッグは一〇年にわたる別離の絶望を訴えるが、プルエーズはまたしてもそれを拒み、娘七剣姫を彼に託すと小舟で去ってゆく。『繻子の靴』の主筋をなす悲恋物語は、ここでひとまず終わる。

第四日目。この日は『源氏物語』における『宇治十帖』のごとく、それも荒唐無稽な後日談の連続からなっている。プルエーズが要塞で爆死を遂げて以来、ロドリッグは国王の寵愛を失ってしまう。彼は新大陸の副王の地位を追われ、フィリピンへと左遷される。日本人の捕虜となり、片足を喪失する。

この最終日では、第三日目からさらに一〇年の歳月が過ぎている。ロドリッグは地中海にあるバレアレス諸島近海に船を停泊させ、すっかり零落の身である。彼は活計《たつき》のため日本人画家と組み、漁師相手に聖人画を製作している。スペイン国王は目下、イギリスと交戦中で、勝利の暁にはロドリッグをイギリス国王に任命したいと考えている。だがロドリッグはそれを拒み、イギリスとの戦争をやめ、永久平和を願うと発言して、宮廷全体を困惑させる（かつての新大陸征服者が何という豹変ぶりであろうと、思わず口を挟みたくなるが、まあいいとしよう）。彼は七剣姫にむかって、自分は世界を拡げるために来た、人間は天の下に、壁も障壁もあってはならないのだと語る。一方、お転婆の姫はオーストリアの貴族との駆け落ちを企て、肉屋の娘といっしょに夜の海を泳ぎ出す（わたしがバローの演出で、強烈に記憶している場面である）。王の不興を買ったロドリッグは奴隷の身分に落とされ、売り飛ばされることになる。そこに修道女が現われ、彼の身元を引き受ける。信じられないことに、この第四日目を構成している一一の場は、ロドリッグの館はおろか宮殿にいたるまで、すべて海の上を舞台としている。

渡邊守章はこの戯曲をどのように演出しただろうか。彼はかつて『サド侯爵夫人』でルネを演じた元宝塚の剣幸《つるぎみゆき》にプルエーズを、ラシーヌと鏡花の舞台で気心の知れた石井英明にロドリッグを演じさせた。大倉流の狂言方である杉山七五三《しめ》とその息子たちに協力を仰ぎ、自分が育て上げた京都造形芸術大学の卒業生たちに出演を依頼した。音楽は基本的に藤田六郎兵衛《ろくろびょうえ》の能管だけに絞った。剣幸演じるプルエーズには一カ所だけではあるが、「わたしは剣《けん》よ！」と絶叫する場面があり、戯曲全体を貫く剣と音楽、戦闘と芸術の対立という主題に、はからずも（？）対応している。

いくつかの印象に残る場面をここに記しておきたい。

今回の演出ではまず舞台全体が雛壇のように三層に分割され、それが左右の緞帳によって伸縮拡大の自在な空間へと作り変えられた。ダムタイプの高谷史郎がこの平面をスクリーンに見立て、銀河の横たう夜空から大海原、古城の石壁、ナポリの洞窟、さらに連合艦隊の甲板まで、思うがままに空間を変容させ、簡潔にして魔術的ともいえる手さばきで場面転換を行なった。高谷はこの舞台において、もう一人の隠れたプロスペローである。ひとまず舞台から奥行きを追放したことで、空間はプロテウスのように変幻自在なものと化した。登場人物たちはそれぞれの層において、基本的に平行移動を行なった。召使たちは最下層にあってバーレスクに興じ、恋人たちは中間の層にあって激情に駆られ、苦悶と絶望を語った。最上階では守護天使がはるか下方にいるヒロインを眺め、冷ややかな言葉を送った。ただ口上役の道化（野村萬斎）だけが幕の変わり目ごとに映像で出現し、忙しげにあらゆる層を廻っていた。三層の舞台は地上世界の無限に続く水平性を意味していた。

それに対し、後半になってにわかに目立つことになる船の帆柱や聖者の杖は、天上と地上という、この戯曲の根幹にある垂直性を体現している。

厳粛な場にあって人物たちは、譜面台を前に直立不動で朗誦を続けた。それは朗誦をよくなしうる者だけが芝居をよくなしうるという、フランスの古典劇から継承された演劇観の、みごとな実現であった。原作の台詞は一応は自由詩形ではあるが、それでも厳密に脚韻が踏まれている。わたしは演出家渡邊がこの一〇年近く、今回の舞台を実現させるための準備作業として、朗読オラトリオを重ねてきたことを思い出した。演劇の基幹となるのは朗誦であるという、ともすれば当代流行の日本の演劇界にあって蔑ろとされがちな真理を篤実に確認するところから、『繻子の靴』の舞台は開始されている。

さらにいくつかの驚異的な場面を記しておきたい。

二日目の中ごろ、黒衣のロドリッグと白衣のカミーユが黒い垂れ幕の前で対決する。原作の戯曲ではモガドール要塞の中に設けられた拷問部屋という設定である。二人は強い緊張感のもとに対峙しているが、カミーユが少し軀を近づけると、二人の巨大な影が重なり合い、あたかも三本の手を持った一人の人物の影のように見える。彼らがプルエーズを媒介として、分身の関係にあることを如実に示している演出である。ここでロドリッグは初めてプルエーズの真意を知り、愕然とする。背景に蝶々の像が映し出されているのは、こうした劇がどこまでも魂《プシュケー》の次元での事件であることを告げている。

　メロドラマ的想像力が高揚を迎えるこの場面に続いて、きわめて夢幻的な光景が出現する。陰鬱な拷問部屋は一瞬のうちに波の揺蕩《たゆた》う大海原と化し、舞台の高所と低所にプルエーズとロドリッグとが別れて眠っている。彼らは大洋によって隔たれているのだ。下方からゆっくりと巨大な満月が登ろうとし、それに合わせて月の精が舞台中段に現れる。彼女はキラキラとしたラメ入りの服を纏い、棕櫚の葉を扇子のように携えている童子である。この間も打ち寄せる波の色調は微妙に変化してやまない。月の精が姿を消すと、プルエーズが起き上がり、純白の光に包まれながら、永劫にわたる愛をめぐって独白を続ける。満月がゆっくりと、舞台を大きく横切ってゆく。ふたたび月の精が登場し、下方で眠りこめているロドリッグに棕櫚の葉を向ける。彼がまだイヴと分離する以前の、無垢にして完璧なアダムとして、深い眠りにあることが示される。やがて彼は目覚め、プルエーズの創造した天国に自分が留まりえぬという絶望を語る。海の色はしだいに陰鬱な暗さを帯び、すべてが暗黒に包まれてしまう。

　ちなみにオリヴェイラの映画版では、この場面では暗闇に丸く刳り貫かれた穴から罪の女神が、メリエスの無声映画『月世界探検』の月のように顔を覗かせ、独白を続けるという演出がなされていた。渡邊演出では背景に満月の映像を投影するとともに、光り輝く童女として登場させている。月の語る長々とした独白は、演出家である本人が声を担当している。この長大な芝居のなかでもっとも神聖にして静寂感に満ちた光景が、こうした身体と声、映像とその色調の変化によって、多元的な力のもとに実現されている。

第三日目の結末部、プルエーズとロドリッグが出会うことになる唯一の場面についても、やはり書いておきたい。

新大陸を支配するロドリッグ副王の戦艦の甲板で、二人は出会う。プルエーズは最初、カミーユからの信書を手渡すという任務から緊張した姿勢を崩さず、ロドリッグも彼女に面と向かって対応をしない。彼はどこまでも正面を向き、不動の姿勢をとっている。二人の対話は強い調子の詰問と、それへの返答の形である。だが一〇年ぶりに再会を果たした恋人を前に、プルエーズの口調に少しずつ乱れが生じてくる。ロドリッグはそれを無視し、断固として拒絶の姿勢を崩さない。だがカミーユがかつてプルエーズを拷問したと聞かされた瞬間から、ロドリッグは我を失い、彼女に向き合う。プルエーズは愛娘を彼の前に差し出し、自分の代わりに育ててほしいと懇願する。ロドリッグはふたたび彼女と向かい合うことを止め、正面を向いて拒絶の姿勢をとる。二人はこうして別々に朗誦を続ける。だが最後に彼らはもう一度向かい合い、膝まづきながらしだいに距離を縮めていく。感極まって絶叫するにいたるが、最後まで抱擁や接吻がなされるわけではない。彼らは聖ヤコブが予言したように、地上においては絶対の乖離を生きる宿命にあるのだ。最後にプルエーズは死を決意して下船する。ロドリッグは彼女を止めることができない。置き去りにされた娘が母親を求めて泣き叫ぶところで、第三日目は幕を閉じる。

日本語ではpassionという言葉は受苦と情熱という、二通りに訳し分けるのが常道とされている。だがこの二人の再会と別離、受諾と拒絶の重なり合いを目の当たりにすると、まさに受苦と情熱とが同一のものであることが判明する。プルエーズを究極的に襲うのは、死を前にした歓喜である。ロドリッグにとってそれは、生涯にわたる悔恨と絶望の予兆である。渡邊演出はこの場を通して、メロドラマ的想像力から可能な限りの強度を引き出すことに成功した。整然としたオラトリオを基本様式とするこの舞台が、それを放棄して歓喜と絶望の絶叫に終わるのだ。

先に、今回の演出にあたって画像の投射による空間造成が大きな意味をもっていることを指摘した。もしこれが半世紀前であったとすれば、場の転換に幾通りもの緞帳を準備したり、回り舞台を設定したりしなければならず、それでもこの大作の舞台である「世界全体」を表象するには追い付かなかっただろう。

では高谷史郎による魔術的なスクリーンは、コンピューター時代における演出の新奇さ《ヌヴォテ》にすぎないのだろうか。実はそうとも断言できないのである。これはある意味で、原作者が夢想し、戯曲のかたわらに書きつけたヴィジョンを、今日的立場に立ってより進展させ、前景化した結果だと考えられるからだ。いや、もう少し強弁を重ねれば、クローデルは一九二〇年代にはまだ新しい表象体系であったシネマトグラフ、すなわち映画を念中に置きながら、いくつかの幻想的な情景を創造しているのである。

第四日目の中ほどに、理解不可能な笑劇が挿入されている。漁師たちが二組に分かれて、地中海に浮かぶ不思議な島にロープを巻き付けると綱引きに興じるという件《くだり》である。本筋とはまったく関係のないこの笑劇については、インドの古代神話に有名な乳海攪拌の物語に始まり、能や歌舞伎まで、さまざまな源泉が考えられるかもしれない。だがこの劇で興味深いのは、漁師たちに命令を下す教授の一人が、この綱引きのさなかに探究を重ねている奇妙な魚のことである。教授がドイツの学術書で見たというその古代魚は、レンズでできた一眼しかもたず、頭上に電気を通す映写機が取り付けられている。また胴体には、二重のロールが八の字の形に巻き付けられている。この魚は自分の眼で捉えた事物の姿を自動的にこのロールに印刷し、映像として無限に吐き出すことができるという。漁師たちが怪訝な表情を見せると教授は興奮し、この魚が「存在する！　存在する義務がある！」と怒鳴りまくる。

これは端的にいって、映画の撮影と映写を同時に兼ねた装置ではないだろうか。クローデルがどうして悲恋物語が終わった後の、いうなれば大物語の残響だけが聴こえる第四日目にこうした荒唐無稽な挿話を置いたのかは詳らかではないが、少なくとも彼が映画という光学的な発明と映像投射によるスペクタクルに充分自覚的であったことが、ここから明確に窺うことができる。奇魚の単眼は、水晶の数珠やその変形としての地球とともに、壁面に巨大な形で投射されて、舞台全体の喩となる球体の主題的系列上にある。こう考えてみると、今世紀の当初にコンピューター処理によって舞台空間に魔術的な変容がなされることは、原作者の夢想を現実化してみせたことを示している。もちろんこんなことについ目が向いてしまうのも、ひょっとしたらわたしが映画研究を長らく専門としてきた者であるからかもしれない。だが一九二〇年代の時点で全世界の演劇化という壮大な野心を抱いた劇作家が、ベルグソンやフロイトの同時代人として、彼らと同様にシネマトグラフという装置に深い好奇心を抱いていたとしても、けっして不思議ではあるまい。

ともあれ午前一一時から午後八時半までをかけ、渡邊守章演出『繻子の靴』の舞台は終わった。わたしは二〇年ほど前にジョグジャカルタでワヤン劇『バラタユダ』の舞台を、それこそ夜を徹して観劇した体験があるが、それに匹敵するほどの長さである。四日目の舞台が七剣姫の無事を告げる大砲とロドリッグの魂の解放をもって幕を閉じたときには、疲労感をはるかに凌駕する解放感に襲われたと告白しておかなければなるまい。

そのとき、不意に思い出されてきたのは、学生時代、すでに宗教学を専攻することを心に決めながらも、渡邊守章教授が開講していたジャン・ジュネ研究の演習に参加していたときのことである。教授がフランス演劇と現代思想の専門家であるばかりか、観世寿夫の「冥の会」の演出家であると知り、あれは学生優待券というものであったか、ともかく何かの縁を頼って格安チケットを入手して、セネカの『メデア』の舞台を観に紀伊國屋ホールへ向かったことがあった。漠然とギリシャ悲劇風の書き割りを期待していたわたしは、舞台に突然に出現した老女に驚き、彼女が呪文のように唱える石牟礼道子の『苦界浄土』の一節に、また劇のなかで反復されるオノマトペアの呪術的効果にさらに驚いた。それがわたしの観た最初の渡邊演出である。一九七五年のことであった。

実はその同じ年、この演出家は八〇〇頁に垂んとするクローデル評伝を上梓している。とはいうものの、その書物は主人公が三七歳で『真昼に分かつ』を書き上げたあたりで、突然に幕を閉じている。その時点でクローデルはまだ大使として日本に赴いてもおらず、いわんや『繻子の靴』の構想も抱いていない。いったい評伝の第二部はどうなるのだろうと気にかかってもいたが、ラシーヌから三島由紀夫、能楽と、作者が演出家として華麗な活躍ぶりを見せているのを茫然と眺めているうちに、いつしかそのようなことは忘れてしまった。だがその間に、研究者渡邊守章は演出家渡邊守章として、クローデルに真剣勝負を挑むための準備を、着々と続けていたのである。彼は戯曲『繻子の靴』を翻訳し、いくたびかにわたってオラトリオの試みを重ねた。昨年の年頭には、クローデルが日本滞在中に深い感銘を受けた能楽の『道成寺』を演出した。かくして時満ちて、ここに『繻子の靴』全篇の上演となった次第。実に慶賀すべき痛快事ではないだろうか。

実のところ、わたしは（それが不可能であることは承知してはいたものの）密かに、あることを期待していた。それは二日目の中ごろ、満点の星空を背景に登場する老賢者、聖ヤコブを、ひょっとして渡邊先生本人が演じることはありえないだろうかという期待であった。この戯曲の隅から隅までを把握し、膨大な註釈とともにそれを訳出したばかりか、ついに上演に漕ぎ着けた彼こそは、ホタテガイの殻を腰につけ、悲運の恋人たちの二艘の船が別れゆくさまを天界から眺めている聖者に匹敵する位置を、テクストとの間に結んでいるのではないだろうか。

クローデルがフランス大使として東京に赴任してから、もうすぐ百年となる。今回の『繻子の靴』の達成が、どのような形で離火継承されていくのかを考えるのは愉しみである。

エイゼンシュテイン

二〇世紀前半に生きた偉大な著述家の長らく未整理であった著述が編纂され、次々と刊行されて思想界に大きな衝撃を与えるということは、これまでいくたびかあった。ベンヤミンの『パッサージュ論』やバフチン・サークルの文学理論書がその例である。今回は映画監督のセルゲイ・エイゼンシュテインだ。大石雅彦の『エイゼンシテイン・メソッド』(平凡社)を手にした読者は、『イワン雷帝』の監督においても同様の事態が進行中であることを知るだろう。いや、この表現は過渡的なものとなるはずだ。その莫大にして未刊行の遺稿がキチンと日本語に翻訳されたとき、もはや人はエイゼンシュテインを映画監督としてではなく、ゲーテに比すべき知的拡がりをもった、自在の思想家にして文化理論家と見なされることになるからである。

エイゼンシュテインといえば、フィルム『戦艦ポチョムキン』のオデッサの階段があまりに有名で、立ち上がるライオン像を描いた三つのショットの背後に、本人が主張したモンタージュ理論が控えていることを示唆しておけばそれで終わりというステレオタイプの認識があった。だがこのように安直に図式化してしまうと、彼がメキシコの「死者の日」の文化に熱中したり、左団次の『忠臣蔵』や漢字の構造を懸命に理論化しようとしたり、挙句の果てに『資本論』を『ユリシーズ』風に映画化することを構想したといった事実との連関が、わからなくなってしまう（最後の企画は後に、アレクサンドル・クルーゲが曲りなりにも実現させた）。とはいえ本邦では山口昌男が蛮勇を振るって挑発したことを例外として、活ける知の収蔵庫としてのエイゼンシュテインのあり方に着目する人はいなかった。本書はこうした間隙を埋め、この稀有の知的巨人への関心を掻きたてるという点で、画期的な意味をもっている。

ロシアでは二〇〇〇年を越したあたりから、N・クレイマンの手によってエイゼンシュテインの未刊行著作が次々と纏められて刊行されるようになった。『モンタージュ』（一九三七年）、『メソッド』（一九四〇―四八年）、『無関心ではない自然』（一九四〇―四八年）である。

『モンタージュ』では、モンタージュを単に映画におけるショット間の水平的な関係に限定せず、広く芸術と文化の接合に適用できる大原理として発展させる可能性が語られている。そもそも映画に固有であると見なされた方法を映画以外のものへと適用させ、思いもよらぬ豊かな結果を導いていくやり方をエイゼンシュテインは〈シネマチズム〉と呼んだ。この〈シネマチズム〉によって明らかにされるのは、映画のみならず芸術一般における連続性が形成されていく過程への眼差しである。大石雅彦は本書における探求が、奇しくもバフチンが「クロノトポス」（時場連続体）なる観念を提唱した時期とほぼ重なり合っているという事実に、読者の注意を喚起させている。

『メソッド』という表題は、スタニスラフスキーの主唱する「システム」に対立するものとして選ばれた。システムはつねに目的を目指して進行し、逸脱を許さない。だがメソッドはいかにシステムの外へ脱出するかという問題にこだわり、本来的にプラトン的な観念美学と形而上学を拒否して、美と非＝美とが分岐する以前の地平に立とうとする。映画とはもとよりハイブリッド（雑種性）の強い機械芸術であり、あらゆる芸術の可能性と理念を実現に至らしめる最高の段階の芸術であるというエイゼンシュテインの信念が、そこには端的に現れている。

『メソッド』において重要なことは、意識は高次の次元へと上昇するに応じて、それを追補するかのように、もっとも深い感覚的思考へと浸透していくという逆裡が語られていることだ。感覚的思考とは端的にいって、死の領域を前にした退行的思考のことである。意識は形式構造のなかを掻い潜っていくにつれ、しだいに心理深層とアルカイズムに深く関わるようになる。この点でエイゼンシュテインは少しずつ精神分析による無意識の探求から、人類学による文化的古層へと感心を移していく。『メキシコ万歳！』に描かれた、死を前にした民衆の歓喜という表象が現われるのは、こうした瞬間である。エイゼンシュテインにとって『悲劇の誕生』のニーチェが説いた、アポロン的論理とディオニソス的原論理の対決は、弁証法的に解決されるべきものであった。両者の統合によって生じるのはオルフェウスであるべきだと、彼は主張する。「やっぱりそうだった」という高山宏の声が聞えてきそうな気がするが、これは二一世紀の美学にとって予言的な意味をもつ発言だろう。

『無関心でない自然』という表題は、プーシキンの「無関心な自然」という詩句に基づいている。ここで前景化されているのは、デカルトが説いたような、生命力を欠落させた、外延としての死せる自然に「関心」、つまり魂《プシュケー》を吹き込み、人間の本性《ネイチャー》と自然《ネイチャー》とが一体化した世界を、風景としていかに実現していくかという問題である。なるほど映画の映像は機械が創りだしたものにすぎない。だが映画は自然＝人間を作品の内側にとりこみ、そこに映像運動という第二の生命を与えることを通して、みずからも動き出す。こうした観点に立つとき初期ディズニーのアニメにエイゼンシュテインが着目した理由が理解されてくる。こうした原理を踏まえて、ロゴスに対するパトスの意義を説き、その認識論的側面を探求するという作業が続くのだが、このあたりはなかなか上手に要約できないので、本書に当たっていただきたい。

最後にエイゼンシュテインが書物をめぐって到達した、畏《おそ》るべきヴィジョンについて言及しておこう。彼は四方の壁の本棚に夥しい書物が並べられている光景は、人間の脳髄の襞のあり方に似ていると考えていた。大宇宙と小宇宙の対応に、さらに書物が加わる。その結果、書物は球体であるべきであるというヴィジョンが導き出される。なぜならば宇宙の生成も円運動から開始されたからだ。私見であるが、このいまだ実現されずにいる球体本の夢想は、今日のインターテクスチャリティ論やCD－ROM論の文脈のなかで、今後さまざまな展開を見せるのではないだろうか。

大石雅彦の新著は、この途轍もないエイゼンシュテインの三冊の大著をみごとに紹介するばかりか、今後なされるであろう創造的読書のために少なからぬ示唆を与えている。ロシア語に堪能な人がグループを作り、この三冊を丁寧な日本語に訳して江湖に問えば、われわれが得るところはきわめて大きいことだろう。

パラジャーノフ

「魔術師」という称号がふさわしい映画監督は、世界にそう沢山いるわけではない。ジョルジュ・メリエス、オーソン・ウェルズ、中期のフェデリコ・フェリーニ、まあ、そんなところだろう。日本にははたしているかどうか。セルゲイ・パラジャーノフは、映画が本来的に魔術を出自としていたことを想起させてくれる、最後の監督の一人である。

パラジャーノフはリアリズムに何の関心も抱かなかった。もちろんソ連の国是とされた、社会主義リアリズムにも。彼のフィルムのなかでは、鮮やかな民族衣装を身に着けた眉目秀麗な人物たちが、真正面から観客を見つめ続ける。一千日目に成就されるという困難な誓いをめぐって、夢幻的な対話がなされ、旅人の前には恩寵のように白い馬が出現する。パラジャーノフは一作ごとに文体を変えた。というよりも、新しいこと、まだ試していないことを試みてみたくて、いつも腕が疼いているといった感じの映画作家だった。

一九五〇年代から六〇年代にかけてウクライナで撮られた作品では、当時のソ連の文化政策を反映して、イデオロギー的な主題が選ばれている。もっともそれは口実にすぎない。この時点ですでに監督の狙いは、色彩とモンタージュによって魔術的空間を造りだすことにあった。『アンドリエーシ』では、ゴーゴリの初期ウクライナもの短編集を髣髴させる、魔術的な民話の空間が創造されている。主人公の少年は魔法の笛を手に、犬を連れて大冒険をはたし、村を魔物から守る。風と水と土からなる鉱物的想像力が、そこでは美しく結晶している。『ウクライナ狂詩曲』では、国際的に著名な女性歌手が、戦争で別れ別れになった恋人を索めて、故郷の町へ向かう長距離列車に乗りこむ。目まぐるしいフラッシュバックの末、彼女が目的地に到着すると、そこには恋人が姿違わず待っている。一部の隙もない構成だ。『石の上の花』では、革命後もいまだ蔓延る邪教の根絶のため、探偵が謎めいた探索の旅に出る。後のパラジャーノフの変貌を知る者としては、物語の背後でいかにも監督がペロリと舌を出しているのがわかって可笑しい。

『火の馬』を分岐点として、パラジャーノフは自分の選んだ主題に留保なく飛び込んでいった。カルパチア山脈の寒村で、少年少女が迎える至福の幼年時代。その後に続く、死の予感に満ちた、ロマン主義的な愛の高揚。夜明けの凍てついた森で二人が体験する恍惚を、カメラは祝福するかのように回転しながら捉える。瀕死の状態で雪の中に倒れ込む青年。彼が見上げる虚空を、一瞬ではあるが何匹もの真赤な馬が翔け抜けていく。バシュラールの物質的想像力の使徒は、ここに水と空、生と死のバロック的な結合を発見することとなった。

だが次の『ざくろの色』では、カメラは対照的に禁欲的な静止画面に終始する。一八世紀に詩聖と崇められたサヤト・ノヴァの生涯が、聖人画の連続であるかのように物語られる。白布に並べられた三粒の柘榴と短剣。やがて布の下からうっすらとにじみ出てくる血。白薔薇と髑髏を交互にもちかえる、眼光鋭き青年。遠くの鏡の内側で戯れるキューピッド。映画という表象体系はこの作品において、バロック精神の絶頂に達したという印象を、わたしは抱いている。信じられないことではあるが、このフィルムでは主人公の薄幸の詩人と、彼が愛を告白する王妃、詩人に死を宣告しに来たる天使が、ソフィコ・チアウレリという同一の女優によって演じられている。ジョージア演劇界を代表するこの女優は、パラジャーノフの作品に両性具有的な神秘感をもたらしている。

パラジャーノフは七〇年代に当局によって、いくつかの不条理な受難を体験した。『スラム砦の伝説』と『アシク・ケリブ』は、一〇数年の強いられた沈黙の末に、ようやく実現できた二本である。とりわけ『アシク・ケリブ』がすばらしい。中世の吟遊詩人の漂泊と冒険が、幻想的な筆致で描かれている。パラジャーノフはまるで自分のおもちゃ箱の中をすべて露わにして見せたかのように、色鮮やかなオブジェの披露に忙しい。金貨と宝石が散乱し、時空は混乱して、いつしか王宮の侍女たちがテロリストと化す。最後には撮影中のカメラまでが登場して、語りの行為を一気にメタレベルへと引き上げてしまう。『火の馬』の匂いたつような生の躍動に代わって、万物を冷たい表層の存在として描く、優雅な死の欲動が、画面全体を横切っている。絵画においてもし比較できるとすれば、それはバロックの後の静物画であろう。

パラジャーノフは最晩年に、サンテグジュペリの『星の王子様』の映画化を構想していたと聞いた。もしそれが実現していたとすれば、どれほど甘美で残酷なまでに美しいものとなっていただろう。おそらく彼は、不思議な星に住む、もの悲しげな老人を演じてみたかったのではないだろうか。

もう二〇年以上前のことだが、ソ連邦からの離脱と独立を遂げようとしているジョージアを訪問したことがあった（当時のこの国はまだ「グルジア」と発音されていた）。首都トビリシでは、かつての王家の末裔である王女が、民主化運動の先頭に立ち、わたしのインタヴューを受けてくれた。だが、わたしの真の目的は別のところにあった。ひとつはソフィコ・チアウレリに会うことであり、もうひとつはパラジャーノフが晩年を過ごした家を訪れることだった。

『ざくろの色』で両性具有的な魅力を振りまいた主演女優は、ジョージア演劇界を代表する大女優となっていた。わたしは国立劇場で、リハーサル中の彼女と言葉を交わすことができた。もしセルゴが生きていれば、彼が撮ろうとしていた自叙伝の映画のなかで、自分は母親の役を演じるはずだったと彼女はいい、静かに十字を切った。

パラジャーノフの家は丘の中腹にある、普通の木造アパートの三階で、彼が逝去したのちは無人で荒れ放題になっていた。ここは美術家でもあった彼の、お気に入りの工房であり、数多くのコラージュがそこで製作されていた。その多くはアルメニアの故郷エレヴァンにある記念館に移されていたが、それでも壁という壁には彼がみずから描いた画が遺され、柱という柱には、さまざまなオブジェが貼り付けられている。これらのものは永遠に朽ち果てていくばかりなのだろうか。

わたしが写真を撮っていると、気配を察して下の階の住人がやって来た。セルゲイの愛用したピアノがうちにあるから、弾いてみてくれという。わたしは古びたピアノに触れた。鍵盤は冷たく、ところどころで調子が狂っていたが、弱く乾いた音をたてた。

タルコフスキー

『鏡』を観終えたばかりの者は、その内容を誰かに語ろうとする。だが、うまく説明できない。物語が時間の順序にしたがって語れているわけではないし、そもそも全体をまとめあげるような物語を発見することができない。観終わった後で記憶に残っているのは、いくつかの印象的な光景であり、その背後に静かに流れている詩行の断片だ。でも登場人物の行動の因果関係がよくわからない。いやそれどころか、どうみても一人の俳優が平然と二人の人物を演じているように思えたりもする。それをどう確かめてみればいいのかもわからない。われわれはフィルムの冒頭に登場する少年のように、語ろうとすればするほど、いつまでも吃音を続けている自分に気がつく。

思い出のなかに母親がいる。神秘的で謎のような女性だ。主人公アレクセイは少年時代を過ごした夏の別荘を思い出しながら成人し、やがてモスクワで生活を始める。彼が結婚した女性ナターシャは、どこか母親に似た女性だ。だが母親があるとき離婚したように、アレクセイとナターシャもいつか離婚してしまうかもしれない。

われわれが『鏡』から読み取れるのは、大雑把にいってこうした物語である。だが、そう要約したところで何の意味もない。このフィルムの本質はまったく別のところにあるからだ。

『鏡』は観る者に、これまで一度も存在していなかったコード、つまり解読のための約束ごとを要求する。この作品は均質な地肌をもっているわけではない。あるところではすべてがひどく明晰で、細部にわたって事物の輪郭がはっきりしている。別のあるところでは、何もかもが夢の論理によって進められ、曖昧であるのに強い恍惚感が立ち上ってくる。一方で事物に対する冷たい隔たりが強調される場面があり、そこからは強いメランコリアが立ち上がってくる。荒っぽい即興的な映像と、緻密に設えられた審美的な映像とが交互に現われ、アクチュアルなニュース映像が挿入される。簡単にいうならば『鏡』は複数のコード（しかし、その数はよくわからない）からなるフィルムの束であり、コードから別のコードへの転換は、予告なく出し抜けに行われる。あらゆる映像が突然に生起するのだ。だから観客はこのフィルムを観るためだけに、手作りで特別のコードを作り上げなければならない。これまでの映画体験など、何の役にも立たないからだ。

鏡という物質はそれ自体が謎だ。地上の論理ではどうにも解明することのできない、神秘を湛えている。それはあらゆる事物を反映しはするが、それ自体としては映像を持たない。光沢に充ち、つねに透明さを湛えた表層でありながら、覗き込む者を深い沈思黙考へと誘う。鏡はこうした相反する本質を持ち、それを覗きこむ者にむかって、自分と瓜二つのものを差し出してみせる。鏡を前にした者は、わたしとは誰かという問いかけに囚われる。また同時に、この問いに応えることの不可能性を思い知らされる。

タルコフスキーはこうした矛盾する物体に、さらに新しい解釈を加えている。もし鏡が砕け散ってしまったとしたら。鏡がバラバラの断片破片となって散乱したとしても、破片はやはり鏡だ。その一つひとつが鏡としての本質を分有しているとすれば、人はそれを前にどう振る舞えばよいのか。もし人間の記憶が砕かれた鏡のようであったとすれば、想起とは何なのか。『鏡』というフィルムを始動させているのは、こうした問いかけだ。

古代中世の錬金術師たちの信じるところによれば、全世界を構成しているのは火、水、大気、土の四つの要素であるとされていた。創造の神秘とは、その組み合わせから生じるものであると。タルコフスキーの『鏡』には、こうした学説の延長上にあって、四大元素をめぐる美しい想像力の冒険が見られる。

火は幼年時代に垣間見た、燃え上がる納屋。中庭の松明。暗い部屋に置かれたランプとその周囲の静寂。

水は母親の髪からしたたり落ちる水滴。ガラスの水差し。風に音を立ててきしむ井戸の釣瓶。

大気は風に舞い上がるシーツ。空に昇って行く気球。恍惚とした母親の表情。

土は泥に足をとられながら行軍する兵士たち。

タルコフスキーはこうして想像力をみごとに物質化していく。閉じられた陰鬱な空間と、野に開かれた窓。暗い廊下と夕暮れの残照。どこまでも続く地平線。相対立する空間のイメージが次々と現われてゆく。母親と妻がときに同一の女性のように顕現する。もっとも戦争と欠乏の時代を生きた母親に宿る精神的な神秘を、現代の妻は持ち合わせてはいない。世界が世俗化してしまったのだ。妻は母のように、空の高みに昇るということがなかったのだ。


幼年期へのノスタルジアを主題とすることは、タルコフスキーの独創ではない。現在の世界が始源の力を失い、不幸な逸脱のさなかにあるという認識は、二〇世紀の多くの芸術家を、喪失された時間の探求へと向かわせた。とはいえ『鏡』には、プルーストの屈折した人間観察はなく、後悔を含むいっさいの感傷が退けられている。おそらく二〇世紀のヨーロッパの芸術のなかで、タルコフスキーが手にした清明さに到達していたのは、『マルテの手記』を記したリルケを数えるばかりではないだろうか。

『鏡』というフィルムのもっている豊かさを語ろうとする人は、それを繰り返し観るたびごとに新しい発見をすることだろう。汲めども尽きない泉とは、まさにこの作品を指していう言葉だろう。この文章を執筆するため、わたしは久しぶりに『鏡』を観直し、改めてそのヴィジョンの深さに感嘆しているところである。

マノエル・ド・オリヴェイラ

二〇一五年四月二日、全世界の映画人は驚き、慌て、そして鎮魂の祈りを奉げた。「不死の人」と称されたポルトガルの監督、マノエル・ド・オリヴェイラが一〇六歳の生涯を閉じたからである。

オリヴェイラ師は瀟洒にして甘美な作風をもつポルトガル映画界にあって、長らく精神的支柱であった。いや、そればかりではない。七四年にわたって映画を撮り続けたその経歴は、文字通り世界映画史の「最後の巨匠」と呼ばれるにふさわしい。しかも驚くべきことに、師が本格的に映画に手を染め出すのは七〇歳を越してからであり、八〇歳以降はそれこそ一年に一本のペースで意欲作を発表。逝去の直前にも新作を披露していたのである。「老いてますます盛んなり」という表現は、彼のために準備された言葉であった。

その主題と手法は多彩を極めていた。一九世紀のフランス通俗小説の翻案を気軽に題材とすることもあれば、精神病院の庭で全裸になり、至福の表情を見せる男女の物語に、

『神曲』の題名を与えたこともあった。人間だと思われていた登場人物が最後に残らず仮面を脱ぎ捨て、獣となって痴態を披露する『カニバイシュ』。初老の俳優がどうしても馴染めない役を与えられ、憂鬱な気持ちで帰宅する『家路』。かつてアフリカにおいて有数の植民地保有国であったポルトガルが、それゆえ解放闘争の悲惨に巻き込まれる『ノン、あるいは支配の虚しい栄光』。無垢なる人間の失墜から獣性の顕現まで、近代のメロドラマからポルトガル史の暗部の検証まで、古今を問わずあらゆる人間的なものをスクリーンのうえに描こうとした作家として、師の名前は語り継がれることだろう。そこにはカトリーヌ・ドヌーヴの名演によって知られるブニュエルの『昼顔』の、なんと三〇年後を描いた奇想天外なパロディ、『夜顔』までが含まれている。

オリヴェイラ師のフィルムの多くは日本でも公開され、高い評価を受けている。遺言によれば、死後にのみ公開のことと記された謎の一本が存在しているらしい。翌年の国際映画祭あたりで上映されれば、きっと話題を呼ぶことだろう。

この場を借りて、個人的な思い出を二つ、語っておきたい。もう三〇年近い前のことだが、オリヴェイラが心血を注いで完成した『繻子の靴』を、完成直後に異国の劇場で一気に観たことがある。六時間半に及ぶ大作であった。原作は大正時代、フランス大使として東京に滞在した詩人クローデルによる戯曲である。舞台は一六世紀の大航海時代。リスボンを発った男が七つの海をわたり、一度は新大陸の副王にまでなるが、流浪のはてに零落して浮世絵師となる。一方、男に恋した人妻は、聖母マリアに願をかけつつ、モロッコの城砦も異教徒との結婚もなにすることなく、恋人を追いかけ続ける。黄金時代のポルトガルの栄光を湛えてやまない叙事詩的戯曲の映画化は、まさにオリヴェイラの面目躍如であり、わたしはこれを代表作と呼んではばからない。本邦でも公開されることを期待したい。

もう一つ、あれはもう一〇年以上も前のことであったが、たまたま新作披露のためオリヴェイラ師が東京を訪問されたことがあった。日仏学院での講演の合間、フランス映画社の柴田駿氏に案内されて控室を訪れると、監督は姿勢正しくわたしを迎え入れ、上映されたばかりの作品の感想を訊いてこられた。「なにか、日本の若者にお言葉はありませんか」と尋ねると、「お若いの、一言だけ申し上げておく。神は確かに実在いたしますぞ」と、力強い口調でいわれた。その確信の強さを、わたしは長く忘れられないでいる。

ダニエル・シュミット

夏ともなると、山中の静かな避暑地にもいろいろな人がやって来る。

子犬を連れた貴婦人から自称「亡命中」の革命家まで、さる侯爵夫人が若いころにこっそりと産み落とした子供が貴公子を名乗って、次々と女性客を誘惑することもあれば、お婆さんに連れられて、いつもつまらなそうに散歩している小説家志望の子供までが到来する。貴族もいればペテン師もいる。成金もいれば、零落した王家の裔もいる。避暑地のホテルとはそのまま人生の華麗にして残酷なパノラマ、もっともあまりにも疾《はや》く過ぎ去ってしまう、夏の光のなかでのパノラマなのだ。

そうだった、毎年、夏になると、どこからともなく魔法使いが到来したものだった。スイスの映画監督、ダニエル・シュミットはそう回想する。

大きな黒いモーニングを着、シルクハットを着用したこの人物は、祖父のホテルに荷物を預けるやいなや、めざとくぼくを見つけ、ほら、坊主、これをやろうといい、親指と人差し指の間から小さな金貨をひねり出して見せてくれたものだった。ロビーは客でごった返している。ぼくが目を白黒させていると、たちまち金貨は消滅し、魔法使いはさっそく隣の貴婦人を口説いている。

みんなは彼をマリーニ教授と呼んでいた。でも、いったいどこの国から来て、どんな身分の人かは誰も知らない。あの恐ろしい革命が起きる前に、ロシアのツァーリの前で魔法を披露してみせたとか、シルクハットの内側には神秘の第三の眼が隠されていて、人間の心をすべて読み取ることができるとか、教授はさまざまな噂と伝説に取り囲まれていた。ディナーが終わり、人々がカフェや食後酒でくつろいでいるころを見計らい、教授はさっそうと現れ、次々と不思議な魔術を披露してみせた。得意中の得意は読唇術だった。

けれどもぼくは幼いながらも、ホテルの子供だ。生者と死者の国を自由に行き来できる人間なんているわけがないと、ちゃんと知っている。教授の秘密はシルクハットに仕込まれたトリックにあった。それを知っているのはぼく一人だ。真実とはひどく退屈なもので、魔法のめくるめく魅惑にははるかに及ばないということを、ぼくはものごころついた頃から気付いていていた。

ある晩遅く、教授はこっそりと厨房に忍び込み、ワインを盗み呑みしていたところを、ぼくのお婆ちゃんに発見されてしまった。避暑地めぐりの零落《うらぶ》れた旅芸人など、ひと皮剝いてみれば、たいがいがそんなものだ。お婆ちゃんにこっぴどく叱られた教授は、もうこのホテルにはお出入り差し止めだなと覚悟した。そこで一世一代の魔法をご開帳しようと決意した。「サハラの夜」という、大催眠術大会である。

次の晩、教授は夜も更けたころを見計らい、一人ひとりの客たちにむかって、ひそひそ声で誘いをかけた。今夜はみなさんを灼熱のサハラ砂漠へお連れいたしましょう。彼はそういうと、若い貴婦人たちの頭のうえにそっと手をやり、さあ、砂漠ですよ、暑くなってきましたねえと暗示をかけ始めた。暑いですよお……暑いですよお……。すると何としたことか、女性たちは次々と豪華なドレスを脱ぎはじめ、中には屈み込んで、白いシルクの下着まで脱ぎ去ろうとする者が現われだした。もうこうなると笑いごとではすまされない。とはいうものの、教授はいっこうに催眠術を止めず、居合わせた男性客たちは朦朧とした気分で事態をただ眺めている。

ついにホテル側が中止を叫んだ。半裸の貴婦人たちは突然われに返ったが、自分の身に何が起こったのか、まったく理解できないようだった。教授はホテルへの復讐にみごとに成功した。彼はそれ以後、二度と姿を現わすことがなかった。けれどもぼくはずっと教授のことを憶えていた。この怪しげで正体も不明な旅芸人のなかにこそ、芸術の本質である、悪魔的なるものが宿っていることを学んだのだ。

ダニエル・シュミットはそう回想する。彼は長じて映画監督となり、『ラ・パロマ』や『ヘカテ』といった幻想的な作風をもって知られるようになった。その創作の原点には、幼いころに体験した、このニセ魔術師との遭遇があった。よほどこの出会いが大きな意味をもっていたのだろう。最晩年になって彼は、『季節のはざまで』（一九九二）という自伝的フィルムのなかで、その場面を再現している。教授をひどく叱るお婆ちゃんを演じたのは、フェリーニの妹、マッダレーナであった。

豪華ホテルとは不思議な空間である。あるときいっせいに豪奢な身なりの客たちが押し掛け、しばらくするといっせいに姿を消してしまう。客たちは何もしない。ただお互いの噂やゴシップに夢中なだけで、使用人たちは彼らの贅沢な狂態を、どこか冷ややかな眼差しのもとに眺めている。世間では時間はまっすぐに、前へ前へと進んでいく。だがホテルのなかでは時間は円環をなし、春夏秋冬で一回期を終えると、平然と最初に戻っていく。毎年、いつも同じことが繰り返されるのだ。それは地上にあって地上の論理に従おうとしない、ひどく稀有な時空である。

シュミットはホテルの子供として生を享けただけではなかった。彼はホテルのもつ時間の回帰性を映画のなかにもちこみ、あたかも催眠術師のように振る舞いながら、映画を撮影した。いや、そればかりではない。この畏怖すべき銀幕の魔術師は、スイスという国家そのものが巨大な観光ホテルにほかならないと考え、スイス史を空前絶後の大パノラマに見立てた絵本を作成したのである。題して『楽園創造』。これは一八世紀の終わりから二〇世紀の初め、いわゆるベル・エポックの終焉までのスイスを舞台とした、三〇〇頁の巨大な書物である。そこではさながらオペラ歌手たちがアリアを歌うかのように、交互にスイスという物語を語りあう。彼らは、この観光大国が実はオペラ劇場かサーカス小屋の背後に設えられた、巨大な書き割りに他ならないことを明かし出してみせる。幸いなことに、日本でも翻訳（大和プレス／平凡社）が刊行されている。ヨーロッパ文明がまさに爛熟の極を見せた〈世紀末〉を窺い見るのに、ひょっとしてこれほどふさわしい書物はないのではないかとわたしは思う。ホテルという虚構空間を歴史の隠喩として差し出してみせたという点で、これ以上に眼の悦びを満足されてくれる絵本も稀であるかもしれない。

デュラス

太陽は沈もうとしているのだが、いつまでも沈まない。大気に少しずつ忍び寄る冷気。とはいえ、何もかもが未決定である時間。歌とも叫びともつかない女の声だけが聴こえてくる。これがマルグリット・デュラスのフィルム『インディア・ソング』の、最初のショットである。

声の主は気が狂っているらしい。別の声が説明する。彼女は南ラオスのサヴァナケートで産れ、一七歳で妊娠し、母親に家を追い出された。それからメコン河を遡る旅に出、長い放浪の末にミャンマーを経て、ついにガンジス河の岸辺に辿り着いた。一二人の子供を産み落とし、現在では石女と化している。過去の記憶を失い、身は業病に苛まれ、地上での生が終るまで物乞いをして生きている。にもかかわらず、いや、それゆえに、彼女は絶え間ない歓喜と法悦に身を委ねた存在である。

『インディア・ソング』は、両大戦間のある夕べ、カルカッタ（コルカタ）のフランス領事館で開催された舞踏会を舞台としている。恐るべき湿気と暑さのなかで、正装に身を固めたヨーロッパ人の男女が、自動人形のように踊ったり、疲弊と倦怠の表情を示しながら、不動の姿勢で佇むといった映像が、二時間にわたって繰り広げられる。ところが細かくこのフィルムを眺めていると、登場人物たちの一人として言葉を発していないと判明する。フィルム全体を通して男女の対話が聴こえてくるのだが、彼らはどうやらわれわれ観客と同じく、眼前に展開される映像を見つめながら、追憶に促されるかのように言葉を発しているのだ。いったい彼らは誰なのか。どこで話しているのか。彼らが実は登場人物たちの亡霊であって、冥界にいながら過去を想起しているという可能性が生じる。だが、フィルムにはそれを保証するいかなる説明もない。

不思議なことといえば、先のラオス人女性も、映像として一度も姿を現さない。にもかからず彼女が口にする、単調にして意味不明の歌と叫びは、フィルムのいたるところに登場し、さながら地下茎のように作品全体を支配し構造を形作っている。

サヴァナケートからコルカタまで、一人の女が徒歩で歩いて行くということはありえない。東南アジアの地図を広げてみれば、ただちにわかることだ。だが、この荒唐無稽をもって、デュラスの無知を批判しても意味がない。というのも、このフィルムのなかでラオス女は、地上のもっとも低い場所にあって、理性の彼岸に渡りつつ際限のない産出を続けるという、女性的なるものの原型を体現しているからである。それは、この物語の主人公であるアンヌ＝マリ・ストレッテルの、正確にして残酷な陰画である。彼女はヴェネツィアに生まれ、不毛な男性遍歴の末にサヴァナケートで現在の夫に出会い、コルカタのフランス領事館へと辿り着いた。デルフィーヌ・セーリグ演じるこの女性が、心に深い絶望を抱えながら図らずも辿った行程を、ラオスの乞食女はそっくりに反復している。いや、どちらが先かを問うことに意味はない。重要なのは、舞踏会の間中、アンヌ＝マリがその美しい姿を披露するのと対照的に、彼女の呪われた分身は一度として姿を見せず、その声だけがフィルム全体を支配しているということだ。彼女はその不在によって、遍在することに成功している。居合わせたフランス人たちの誰一人として理解できない歌を歌うことを通して、彼らの無意識の情動そのものとして現前している。

だが、映画作家としてのデュラスの実験はそれに留まらない。『インディア・ソング』に続いて彼女が発表した『カルカッタの砂漠における、彼女のヴェネツィア時代の名前』というフィルムを観てみると、そこで恐るべき実験がなされていることが判明する。この長々しい題名は、『インディア・ソング』のなかでアンヌ＝マリを示すものとして、繰り返し唱えられてきた表現に由来している。デュラスは『インディア・ソング』に描かれたコルカタの領事館が、その後何十年もの歳月の後、すっかり廃墟と化してしまったと仮定し、それをフィルムに収めたのだ。観客は二時間にわたって、すっかり朽ち果て、蜘蛛の巣が走る、無人の邸宅の内側に付き合わされることになる。ただ二つだけ、変わりのないものが存在している。一つは、かつて舞踏会が開催された部屋の壁に掲げられた、巨大な鏡。もう一つは、かつて舞踏会の映像とともに聴こえてきた音楽と声である。デュラスは『インディア・ソング』における音声部分をそのまま、続編『ヴェネツィア時代の名前』に転用するという、大胆な試みを行なったのである。

映画のなかで発せられる言葉《パロール》は、映像として登場している人物の口から出るものであるというのが、一般的に映画における約束ごとであった。語りの手法として、ヴォワオフといい、音声の根源を画面外に想定する修辞法があるが、その場合にも、声の正体をめぐって観客が当惑することがないような処置がなされるのが通常である。デュラスはこの二本のフィルムにおいて、そうしたコードを堂々と無視し、画面と音声の結合が恣意的なものでかまわないという宣言を行なってみせた。声の主体はつねに不在であり、それゆえに世界に遍在しているという逆理が、こうして現実化された。

『インディア・ソング』における無名のラオス女は、その映像の不在において、デュラスのその後の作品のなかで、あらゆる女性の原型となった。彼女はアウシュヴィッツに、バンクーバーに、パリのセーヌ河にその声を響かせることで、世界のいたるところに遍在する女性的なるものへと、みごとに変容をとげた。女性とは歌い叫ぶ声であると、デュラスは説いてやまない。

怪物の孤独について

怪物は、どんな身の毛のよだつしろものでも、ひそかに私たちを魅惑する。私たちに憑いて、どこまでも後を追ってくる。怪物は私たちの栄光と悲惨とを、巨大化しつつ具現したもの、**私たちの正体**を白日に晒すもの、私たちの旗手だ。

シオラン『生誕の災厄』（出口裕弘訳）

「神聖なる怪物」monstre sacré というフランス語が最初に称号として使われたのは、いったい誰に対してだっただろう。これには諸説がある。ある人はそれが最晩年のサラ・ベルナールであったという。また別の人は、ダヌンツィオの愛人であったエレオノーラ・ドゥーゼであったという。いずれにしても、世紀末の西洋にあって華麗なる経歴を重ね、高齢にいたっても威厳と妖艶を失うことなく、崇高の域に到達した感のある女優たちに、この不思議な敬称が与えられたことは、わたしの興味をそそってやまない。

いうまでもないことだが、この言葉は単に才能に恵まれた芸術家や哲学者のことを意味しているわけではない。また、たとえこの世のものとは思えない美貌に恵まれていたとしても、それだけではこの称号を受けるには不充分である。同時代に持て囃される才能や美貌とは残酷なもので、ひとたびその時代が過ぎ去ってしまうと、ただちに凡庸さだけが目立つことになる。時代を越えることができないのだ。わたしの愛読する古代ローマの作家、ルキアノスは、すでに書いていた。冥界ではいかなる美女も哲学者も、区別のつかない頭蓋骨にすぎないと。

「神聖さ」のなかには不気味さ、けっして人間が手を触れてはならない禁忌が隠されている。それは俗世の人間社会のはるか彼方に位置することによって、しばしば逆説的に、人間界が汚穢として忌避してきた下層のイメージと重なり合っている。人間の象徴的想像力は、相反するものが一致するという原理に支えられている。

「怪物」という語の背後にも、奇矯なもの、常軌を逸していてグロテスクなもの、表ざたになれば醜聞を招きかねないものといった意味の含みが窺われる。通常の人間には予想もつかない生を生きた者、貴種として栄光と同時に、悲惨をも生きたかもしれぬ、畏怖すべき存在といったニュアンスが、この言葉には隠されている。

神聖なる怪物とひとたび呼ばれた者のうちには、若くして声誉を欲しいままにした者もいたかもしれない。だが同時に、晩年に到って零落の極に達し、巷間に人知れず、悲惨な最期を遂げた者も少なくないはずだ。とはいうものの、いかなる場合にも、彼らはけっして後悔の口吻を漏らさない。世俗の名誉を嗤いながら、堂々と孤高の生涯を終えていく。たとえ遺された者たちが卑し気な風評を口にしようとも、いっこうに意に期さない。図らずも醜聞を身にまとうことがあったとしても、それを平然と崇高さと反転させ、凡愚の注視に嘲りの眼差しをもって応える。それが怪物たちの務めなのだ。神々であるならば落魄と呼ばれるべき事態こそが、怪物たちの本質をより顕わにする。

わたしは指を折りながら、想い出そうとする。いったい前世紀にあって、誰がこの称号にふさわしい存在であったのか。ニジンスキー……ただちに口から一人の舞踏家の名前が零れ落ちる。彼は若くして肉体を極限にまで追求し、跳躍の途上、空中で停止することすらできた。この天才は、まさに怪物的な神聖さを身に纏っていた。

文学ではどうだろうか。レサマ・リマ、ジョルジュ・バタイユ、ピエル・パオロ・パゾリーニ、役者でいえばマーロン・ブランド……彼らの神聖さの傍らにあっては、あまたのノーベル文学賞受賞者たちなど、地上の栄誉に強攫《しが》みつく凡庸な小才にすぎない。本邦でも、その過剰にして俗悪なる醜聞ゆえに、三島由紀夫もまた、怪物の眷属の一味に数え上げられるかもしれない。土方巽は、間違いなく怪物の範疇に属している。

女性ではマルグリット・ユルスナール、ジェイン・ボウルズ……わたしが翻訳者としてつきあったところでは、イルダ・イルスト。後は、二人か三人、いるかいないかだろう。だが、いずれもが前世紀の、もはや思い出と化してしまった時代のことだ。二一世紀の現在、どこを見回しても、怪物はおろか、神聖さの気配を感じさせるものなど、どこにも存在していない。おそらく、もうこれからは誰も現れることはないだろう。

反時代的であること。死に到るまで、巨樹の根のごとき頑固さを保つこと。現世を軽蔑はしても、彼岸にいかなる幻想も抱かぬこと。

そうだった。わたしは大切なことを忘れていた。怪物であることの本質とは、孤独であることにあったのだ。いかなる共同体にも属することなく、誰とも分かち合えることのない孤独。ドン・キホーテの聡明さと孤独の同居。

ニーチェはこの点において、もっとも鋭い洞察力を備えていた。自伝『この人を見よ』のなかに、「わたしは世界史的な怪獣 ein welthistorisches Untier である」という、謎めいた一節を書きつけた。とりわけこの哲学者が共感を寄せ、自分の眷属であると見なしていたのは、犀であった。『曙光』には、インドの『リグ・ヴェーダ讃歌』に想を得た、次のような一節がある。

「賢者の非人間性――仏教の歌にいう「犀のごとく孤独にさまよう」賢者の、あの重い、なにもかもおしつぶすような歩みは、――ときにはもっと宥和的な、おだやかな人間味を見せる必要がある。たんに歩みをもっと早めることや、優しく愛想のいい心やりを見せるといったことばかりでなく、たんに機知や一種の自己嘲笑ばかりでなく、矛盾や、ときには世間なみの馬鹿らしさに逆もどりすることさえも必要とする。宿命そのもののように重く転がる地ならしのローラーになってしまわないためには、教えを説こうとする賢者は、おのれの欠陥を自らの修飾のために用いなければならぬ。「私を軽蔑せよ！」ということによって、彼は真理の僭越なる代弁者たる許しを乞うのだ。」（氷上英廣訳）

ニーチェに特有の、節くれだった表現をなんとか読み解いてみよう。およそ賢者たるものは孤独に、重々しく歩くものであるが、それだけでは周囲は圧倒されてしまうばかりである。重さが宿命のように感じられてはならない。もちろん、だからといって、何も足早く歩けというわけではない。だが、ときには道化っぽい仕種も必要ではないだろうか。あえて馬鹿を演じることで、真理を語るということもありうるのだ。『ツァラトゥストラ』第四部の宴会での羽目を外した詩作や対話を読んだ人ならば、この哲人の説くことの真意は理解していただけることだろう。

だが、それにしても興味深いのは、この断章の冒頭で、ニーチェが「犀のごとく孤独にさまよう」という語句に愛着を寄せていることである。

怪物たちはどこに行ってしまったのか。彼らに最期があるとして、それはどのようなものだったのか。

ある者は巨大な体軀を処刑台のうえに横たえ、斬首の時の到来を待った。別のある者は、大河に身を沈め、群れなす小魚たちが皮膚を食いちぎってゆくのに任せた。彷徨の果て、人知れぬ渓谷に迷い込んで白骨と化すものもいれば、衆人環視のなかで供儀に付される者もいた。両手を挙げて死を讃美し、それを堂々と迎え入れる者もいれば、頑なに口を閉ざし、宿命に身を重ねてゆく者もいた。

象はどこで死ぬのか。犀はどこで死ぬのか。

後悔という行為に徹底して無関心である点において、彼らは世界を分かちあう。

怪物たちは消滅する。消滅した。わたしが彼らに魅惑されるのは、彼らがまさに消滅するという一点においてである。

「エンペドクレスは自殺する直前、自分がかつて少年であり少女であったことを、まざまざと思い出した。」

わたしはかつてこの一節を、ニーチェの『悲劇の誕生』に発見し、深い感動に襲われたことがあった。今、長い歳月の後に同じ書物を捲ってみたのだが、どこにもそれを発見することができない。はたしてこの一節は存在していたのだろうか。それともどこかの時点で、ニーチェのすべての書きもののなかから消滅してしまったのだろうか。もし死の直前に、エンペドクレスのような思いに駆られるとしたら、その者は幸福な死を迎えることになるだろう。

永遠に遠ざかっていく者を二度と見つめようとしてはならない。わたしたちはそう教えられてきた。きっとそれは正しいのだろう。わたしたちは股の周辺を汚物で汚し、羨望と憎悪のなかで、これからも生き延びなければならない。

地上から消滅した怪物たちは、夜空で星座を形作っている。彼らがわたしたちを冷ややかな眼差しで眺めていると想像せよ。想像できないものを想像せよ。彼らには、地上に生きたときの卑小な思い出に耽るということがあるだろうか。

「もしあなたがたが天の高みから叫んだとして……」（リルケ）

現世からは消滅したはずの怪物たちが、わたしたちの無意識を新たな住処としていると考えてみるのは、ささやかな心の慰めである。

神聖なる怪物たちがわたしに想起させてくれるのは、畏怖という古代的な感情である。だがそれは、なんと稀有なことだろう。

わたしはいつか、彼ら一人ひとりの、零落をめぐる賦を認《したた》めることだろう。零落は誰にでも許された行為ではない。その権能が与えられているのは、かつてはるか高みにあった者にかぎられる。心に砂漠をもつ者、神とは「笑いに錨で繋ぎとめられた氷の表面」（イルダ・イルスト）だと見抜きえた者だけが、高貴なる零落を許されるのだ。『零落の賦』は、わたしの『摩滅の賦』が終わったところから、書き始められることだろう。

さようなら、怪物たちよ。

あなたがたが夜空で星座となって、わたしに加護を与えてくださいますように。

さようなら、怪物たちよ。

あなたがたがふたたび地上に没落し、わたしの前にその魁偉な御姿のまま、どうか顕現してくださいますように。

あとがき

この一〇年ほどに書いた文章のなかから、海外の文学者と芸術家について書いたものを集めて、一冊に纏めてみた。このようなエッセイ集を編むのは、『オデュッセウスの帰還』（一九九六）以来のことだから、わたしとしては珍しいことである。いずれの文章も、初出時のものに加筆改定を加えた。なかには原型を留めていないようなものもあるかもしれない。

「神聖なる怪物」というのは一九世紀の終りごろ、フランスかイタリアで考案された言葉である。正確なところはわからない。それは世間的な美貌や幸運に恵まれ、一世を風靡している才子を意味しているわけではない。頑固にして妥協を許さず、存在自体があまりに魁偉にして畏怖すべき芸術家を指していう言葉である。

もっともそう名付けられた者たちが市民社会に歓迎されたかというと、そうとはかぎらない。怪物の出現はつねにスキャンダルだからだ。「神聖なる怪物」にもし日本語でルビを振るならば、ゲテモノである。とはいえわたしを魅惑してやまなかったのは、中学生時代このかた、つねにこの眷属であった。

アラブ圏の詩人が二人。キューバの舞踏家と美術家が一人ずつ。アルメニア人とルーマニア人……。英仏独をもって範としてきた近代日本の狭小な文化観からすれば、目次に聞きなれない人名が並んでいるかもしれない。読者のご海容をいただきたいと思う。

一冊に纏めてくださったのは知念明子氏であり、校正は榎本櫻湖氏、装丁は加藤光太郎氏である。お礼を申し上げたい。

二〇一八年二月二〇日

四方田犬彦

初出一覧

サッフォー　『現代詩手帖』二〇一六年九月号
ブロンズィーノ　書下ろし
アリス・スウィート　『ユリイカ』臨時増刊号　二〇一五年三月　総特集「一五〇年目の『不思議の国のアリス』」
エズラ・パウンドとオルガ・ロッジ　『日経回廊　8』二〇一六年七月
アンドレ・ブルトン　『ユリイカ』臨時増刊号　二〇一六年八月　総特集「ダダ・シュルレアリスムの二一世紀」
ブルーノ・シュルツ　劇団ヴィエルシャリン『ブルーノ・シュルツ　マネキン人形論』公演パンフレット　シアターχ　二〇一三年四月
デュシャン　『アートコレクターズ』二〇一六年七月
ロルカ／ゴリホフ　『新潮』二〇一五年一月号
アドニス　『すばる』二〇一六年五月号
マフムード・ダルウィーシュ　ダルウィーシュ詩集『壁に描く』解説（書肆山田、二〇〇六年八月）
ポール・ボウルズとタンジェの作家たち　ボウルズ編『モロッコ幻想物語』（越川芳明訳、岩波書店、二〇一三年五月）
イルダ・イルスト　『猥褻なD夫人』解説（現代思潮新社、二〇一七年一月）
アリシア・アロンソ　書下ろし
アナ・メンディエータ　書下ろし

シオラン　『Scripta』二〇一七年 Summer　紀伊国屋書店
ボルタンスキー　『読書人』二〇一〇年八月二七日号
ボブ・ディラン　『文藝別冊　ボブ・ディラン　マイ・バック・ページズ』二〇一六年一二月
ベルナール・ラマルシュ＝ヴァデル　『図書新聞』二〇一六年一月一六日号
宋澤莱（ソンツオライ）『新潮』二〇一六年一月号
カルタゴの日々　『日経回廊　6』二〇一六年二月
能　樹木の精霊との戦い　『観世』二〇一〇年一一月号
ハイナー・ミューラーと能　岡本章『錬肉工房　ハムレットマシーン』論創社、二〇〇三年一一月
クローデル　『新潮』二〇一七年二月号
エイゼンシュタイン　『図書新聞』二〇一五年八月二九日号
パラジャーノフ　『パラジャーノフ生誕90周年記念映画祭』パンフレット　パンドラ　二〇一四年七月
タルコフスキー　DVD『鏡』解説　IVC　二〇一三年一二月
マノエル・デ・オリヴェイラ　『東京新聞』二〇一五年四月九日
ダニエル・シュミット　『日経回廊　10』二〇一六年一一月
デュラス　『ふらんす』二〇一四年八月
怪物の孤独について　書下ろし

＊単行本収録に際しては、多くの文章の初出時の表題を改め加筆を施した。

著者略歴

四方田犬彦（よもた・いぬひこ）　一九五三年大阪に生まれる。東京大学文学部で宗教学を、大学院で比較文学を学び、博士課程を満期退学する。元明治学院大学教授。コロンビア大学、ボローニャ大学、テルアヴィヴ大学、清華大学、中央大学校（ソウル）、オスロ大学などで、客員教授・客員研究員を歴任。文学、映画、演劇、漫画、料理など、幅広い文化現象をめぐり、研究家・批評家として健筆を振るう。主な著書に『空想旅行の修辞学』（七月堂）、『貴種と転生　中上健次』（新潮社）、『モロッコ流謫』（新潮社）『ルイス・ブニュエル』（作品社）、『犬たちの肖像』（集英社）、『署名はカリガリ』（新潮社）、『大島渚と日本』（筑摩書房）『書物の灰燼に抗して』（工作舎）。詩集に『わが煉獄』（港の人）、翻訳に『パゾリーニ詩集』（みすず書房）、ダルウィーシュ『壁に描く』（書肆山田）、イルスト『猥褻なD夫人』（現代思潮社）。斎藤緑雨文学賞、サントリー学芸賞、伊藤整文学賞、桑原武夫学芸賞、芸術選奨文部科学大臣賞などを受けた。

神聖なる怪物

二〇一八年六月二五日　発行

著　者　四方田　犬彦

発行者　知念　明子
発行所　七　月　堂
〒一五六―〇〇四三　東京都世田谷区松原二―二六―六
電話　〇三―三三二五―五七一七
FAX　〇三―三三二五―五七三一

装　幀　加藤　光太郎

印刷／製本　渋谷文泉閣

ISBN 978-4-87944-327-4　C0095